Holy Bearshit

Eine Abenteuerreise auf der Suche
nach den letzten Bären Europas

von Christian Siry

Impressum:

1. Auflage 2018

Holy Bearshit - Eine Abenteuerreise auf der Suche nach den letzten Bären Europas

Veröffentlicht im Wenn Nicht Jetzt-Verlag

© 2018 by Wenn Nicht Jetzt-Verlag – Ramona Krieger und Ulrich Pingel GbR, Eisenacher Straße 2, 53332 Bornheim, Deutschland

Alle Rechte vorbehalten. Kein Teil des Werkes darf in irgendeiner Form (durch Fotografie, Mikrofilm oder ein anderes Verfahren) ohne schriftliche Genehmigung der Autoren reproduziert oder unter Verwendung elektronischer Systeme verarbeitet, vervielfältigt oder verbreitet werden.

Umschlaggestaltung: Dennis Hartman, hartmannfreelance.com
Umschlagmotiv: Martina Ern, emilrichardnordpol.com
Lektorat: silbentaucher.de
Illustration S. 7: Elisabeth Rudolph
Alle Fotos im Innenteil: © Christian Siry
ISBN: 978-3-947824-03-8

Auf wenn-nicht-jetzt.de und bei facebook.com/WennNichtJetzt gibt es mehr Informationen zu diesem und anderen Büchern. Bei Fragen, Anregungen und auch Kritik kannst Du uns auch einfach eine Mail schreiben: mail@wenn-nicht-jetzt.de

Widmung

Für meinen Hundefreund Wolfi, den besten, den man haben kann. Für immer im Herzen.

Kapitelübersicht

I.	Der Ruf der Wildnis unterm Bett	11
II.	Die Zusammenstellung der Expedition	21
III.	Das Schildkrötenphänomen	29
IV.	Für eine Handvoll Narrenkraut	37
V.	Bruno Problembär, Schrecken der Alpen	45
VI.	Big Foot will das Handtuch werfen	55
VII.	Österreich, wo sind deine Bären hin?	65
VIII.	Ich in echter, original Lebensgefahr	71
IX.	Der Höhlenbär	81
X.	Blitz und Donner im Bärenwald	91
XI.	Ein Mann, ein Lagerfeuer und ewig raschelt's im Unterholz	97
XII.	Müssen gehen Rog	105
XIII.	Tief im Walde zwischen Moos und Farn	113
XIV.	Schokolade für den Bären	125
XV.	Apfelessig, Beanherb und stoned in Rijeka	137
XVI.	Dobro Dosli in Kuterevo	149
XVII.	Iwan, der Bärenmeister	157
XVIII.	Am Bärenfelsen	167
XIX.	Kaffeesatz und Bärentatzen	177
XX.	Holy Bearshit	189
XXI.	Am Ende der Straße	201
	Epilog: Life Ursus	205
	Zum Geleit	209

Vorneweg

Ich liebe wahre Märchen. Und ich liebe märchenhafte Wahrheiten. Geschichten, wie sie wirklich und tatsächlich geschehen, mitten im Leben. Immer wieder führen sie mich an diesen beinahe magisch anheimelnden Punkt, wo ich mich frage, ob ich wache oder träume. Unglaublich schön, irrwitzig und manchmal auch echt dramatisch. Voller Sinnbilder, voller verrückter Zufälle und genialer Fügungen. Das hier ist so eine Geschichte. Sie erzählt von meiner Suche nach einem Traumbild. Nach dem Bild eines mächtigen Wesens, von Mythen umwoben. Vor dem ich mich fürchte und welches ich liebe. Inbegriff von Urkraft und Wildnis und König unserer Wälder im Exil: Ursus arctos, der europäische Braunbär. Ihm zu begegnen war mein Traum und wurde mein Herzenswunsch.

Wichtiger Hinweis für Fans von Rüdiger Nehberg, Crocodile Dundee und Co.

Liebe Leser von Echten-Superhelden-in-Permanentlebensgefahr-Abenteuerbüchern:
Ich schätze Rüdiger und Crocodile und wie sie alle heißen, wirklich sehr, jedoch tat ich meine Schritte in die Wildnis weitaus bescheidener. Weder lag ich durch den Strohhalm schnorchelnd im tiefen Schlamm, um hinterrücks ahnungslose Wildschweine zu erwürgen, noch briet ich mir einen Lachs in Gesellschaft eines zehn Zentner Grizzlys, irgendwo an einem einsamen Flüsschen in Alaska. Ich bin nicht auf monatelange Expedition gegangen, um irgendetwas zu tun, was noch keiner je zuvor getan hat. Ich habe also gar kein riesiges Abenteuer vollbracht. Und dennoch war es eine sagenhafte Reise: Ein Trip voller Begegnungen und Wunder, wie er einem jeden offensteht, der es wagt, einfach los zu reisen. Dafür braucht es kein Flugzeug, keine Weltreise, kein Survivaltraining und keine Sondergenehmigungen. Dafür braucht es nur einen Traum, dem man folgen kann, ein offenes Herz, eine gesunde, humorvolle Selbstreflektion und einen leicht schweifenden Blick in die Tiefe der Dinge. Wundersames stellt sich alsbald ein.

I.

Der Ruf der Wildnis unterm Bett

»*Life is what happens to you while you are busy making other plans.*«
John Lennon

Ich war auf der Suche nach ihm und fürchtete mich, ihn tatsächlich zu finden. Ich war klein und schmächtig, der Wald um mich her düster und gewaltig. Der Ruf einer Eule und ich wie ein verlorener Sohn, dessen lange verschollene Heimat ihn lockte und ihm zugleich so fremd war. Mächtig, vollkommen, tief in sich ruhend war diese Welt. Ich roch ihre Wildheit, ich fühlte sie klamm auf meiner Haut, weich und federnd unter meinen Füßen.
Wind kam auf. Ich wusste und spürte, dass er da war, dass er Teil dieser Welt war und ich hier nur zu Gast. Ich wünschte ihn zu sehen, in all seiner Kraft und ich fürchtete mich, dass er mich finden würde.
Plötzlich ein Geräusch. Wie ein Klicken. Ein Kullern. Und dann sah ich dieses kleine Steinchen den Hang hinunterrollen. Es blieb genau vor meinen Füßen liegen. Stille. Rascheln. Das Knacken eines Astes. Der Augenblick zum Bersten mit Spannung erfüllt. Und dann kam er, wie eine Lawine den Hang hinab, braun zwischen den Bäumen und den Felsen. Er blieb stehen, witterte, drehte den schweren Kopf. Und dann

sah er mich. Mit wilden Augen schaute er in mich hinein. Seine bebende Nase sog meinen Atem auf. Mein Herz überschlug sich, ich hätte schreien müssen und konnte nur schweigen. Und ich fürchtete mich und ich war zutiefst beglückt, in ein- und demselben Moment.

Mein Kopf knallte gegen die Decke meines Schlafzimmers. Zum Glück war sie aus Kunststoff. Ich fühlte mich wie ein Fischlein, eben noch im Angesicht des Hais im Ozean, jetzt wieder im sicheren Aquarium, wo es sich die Nase an der Scheibe stößt. Benommen kletterte ich aus dem Alkoven meines Busses und sprang hinunter ins Wohnzimmer, wo ich über meinen friedlich schlummernden Bettvorleger Wolfgang stolperte. Er war das gewohnt und nahm es mir nicht krumm. Seine Mutter Dana hob nur einmal kurz das rechte Augenlid, blies einem Seufzer gleich die Luft aus ihrer vornehmen Collie-Schnauze und döste weiter auf dem Fahrersitz. Schnell noch ein Blick in den fleckigen Spiegel des zur Rumpelkammer umfunktionierten Badezimmers, dann ab durch die Küche und die zwei Stufen hinab ins Freie.

Da stand ich, stolz, in meiner schiefsitzenden Boxershorts und überschaute meine große, grüne Terrasse, die bis zum Horizont und wieder zurück reichte. Ich reckte und streckte mich, trank mit gierigen Schlucken die taufrische Morgenluft, saugte mit meinem großzügig ausgelegten Riechapparat den Duft der Wildkirschenblüten ein. Wie schön ist es doch morgens um halb zehn in Deutschland, wenn man nicht um acht auf die Arbeit muss.

Wie stürmische rote Riesen ragten die Buntsandsteinfelsen in den jungbläulichen Himmel, in dem ungezählte Schäfchenwolken nimmermüde blökten. Grüne Wiesen im Sonnenschein und Blümchen drauf. Vorne am Kirschbaumstamm stand mein Spaten. Ein Platz zum Wurzeln schlagen und ein Traum, der mich in die Ferne ruft. Wieder einmal. Schon begannen seine Einzelheiten zu verblassen, aber dieses aufregende Gefühl blieb. So überlebendig im Angesicht des großen, wilden Etwas, welches durch den Wald streifte. Schön, kraftvoll und so gefährlich, dass es mich im ungünstigsten Fall einfach auffressen konnte. Magisch zog es mich an.

War es nicht wieder nur eine meiner kleinen Spinnereien? Eigentlich hatte ich zu jener Zeit keine Zeit, um Bären suchen zu gehen. Mein aktueller Auftrag war verdammt nochmal wichtiger: Die Rettung der Welt. Klimawandel, Raubtierkapitalismus und eine eventuelle Invasion der Reptiloiden: Es stand nicht gut um sie.

Mein Blick schweifte über das sanft dahinwallende Wiesental, hinüber zu den bewaldeten Maulwurfshügeln, denen die Sonne eine leuchtende Krone aufsetzte. Eine unsichtbare Pranke packte mich, sanft und zwingend. Sie hob mich hoch und ich sah über die Berge des Wasgau. Meine Seele flog zu einem ferneren Horizont. Wild und geheimnisvoll, urwüchsig und gefährlich. Wieder einmal spürte ich diese wunderschaurigschöne Sehnsucht nach dem Geschöpf, welches all dies in sich vereinte: Der große, braune Bär.

Es rauschte im Wald und mein Tagtraumbild zerplatzte wie eine Seifenblase. Der Jeep des Jägers erschien auf der kleinen Straße, die dort endete, wo ich träumte. In meiner ökologischen Randnische, in meinem geteilten Herzen, irgendwo im Grünen, zwischen Konsumzeitgeist und Wildnismythos.

Schon von weitem sah ich den grünen Hut auf der runden Silhouette des Fahrers sitzen. Er war auf seiner alltäglichen Territorialrunde, die ihn natürlich direkt über meine Terrasse führen musste. An den Öko-Freak mit seiner Rostlaube, der hinter dem Hippie-Hof parkte, hatte er sich schon ein wenig gewöhnt. Er grüßte mich neuerdings sogar, indem er seinen Zeigefinger zum Hut hob. Vielleicht zeigte er mir auch den Vogel. Wahrscheinlich eine Mischung aus beidem. Artig erwiderte ich den Fingerzeig in gleicher Manier, auch ohne Hut.

Der Walrossbärtige, mit den deutlich erkennbaren Cholesterinwerten im Fatalbereich, schien so zwischen Sitzlehne und Steuer eingequetscht, dass ich mich fragte, wie sich das Lenkrad überhaupt noch drehen ließ. Neben ihm saß seine kleine Frau, die gerade so über das Verriegelungsknöpfchen der Seitentür schauen konnte. Hinten über die Hutablage aber flitzte, als hätte er eine Rakete im Hintern, Heiko, der Dackel oder die Powerwurst, auf vier viel zu kurzen Beinen. Bellend und sich wie ein Kreisel drehend sabberte er die Scheiben ein. Das Sondereinsatzkommando fuhr direkt bis unter den Hochsitz. Dort war der große Moment der kleinen Frau gekommen. Behände schwang sie sich aus dem Wagen und streute wieselflink etwas Mais in die Kirrungsbox, wie wenn man einen Wurm an die Angel hängt, in der Hoffnung, dass des nachts eine Wildsau anbeißen würde. Währenddessen wendete die lebende Cholesterinbombe, um passgenau seine Komplizin wieder aufzulesen. Dann ging es zurück ins Dorf. Zum Frühschoppen, wie ich vermutete.

Betagte Jäger mit frisch gewienerten Flinten: Sonst hatten die Böcke und Sauen in diesem Wald schon seit weit über hundert Jahren nichts mehr zu fürchten. Die drei großen Jäger Bär, Wolf und Luchs hatte man ausgerottet. Doch nun, inmitten von Klimawandel und Artensterben, schien sich das Blatt im Pfälzer Wald zu wenden. In den angrenzenden Vogesen wurde von Wölfen gemunkelt, im Herzen des Pfälzer Waldes nahm ein Projekt zur Wiederansiedlung des Luchses seinen Lauf. Eine neue Zeit stand an für diesen Wald, nach der ich mich so sehnte. Vielleicht witterte ich in ihr die hellwache Lebendigkeit der Wildnis, die mir den gesamten Wald wieder tiefer, geheimnisvoller und ursprünglicher erscheinen ließ. Und vielleicht mochte ich das, weil ich mich selbst so fühlen wollte.

Es war im heiligen Jahre 2006, als die ersten Symptome meines Bärenticks einsetzten. Die FIFA- WM war zu Gast bei Freunden und wir wurden endlich wieder einmal Papst. Und dann gab es da noch die tolldreisteste Alpenüberquerung seit Hannibals gescheitertem Versuch, in Deutschland wieder Elefanten heimisch zu machen. Für mich war dieses Ereignis so aufregend, wie für meine Oma die

Mondlandung, damals, in der grauen Vorzeit des Schwarzweiß-Fernsehens. Gehypt wie ein Popstar und verfolgt wie ein Topterrorist: Bruno, der Bär war gekommen. Und ich war Feuer und Flamme für diesen wilden Freiheitskämpfer, den Boten einer wiedererwachenden Wildnis in Mitteleuropa. Der bayrische Wille zur Wildnis währte allerdings nicht lange. Bruno bekam das Prädikat Problembär angeheftet und starb bald darauf den Bärtyrertod. Wir waren wieder in Sicherheit. Der Bär war eine Schlagzeile von gestern und das Volk konnte sich endlich in Ruhe auf die Fußball-WM konzentrieren. In mir drin aber war etwas erwacht. Ich schaute mir jeden Tierfilm an, wenn auch nur der leiseste Verdacht bestand, dass ein Bär darin vorkam. Ich sammelte ausgesetzte Teddybären vom Sperrmüll ein und gab ihnen Asyl in einer kleinen Waldhütte. Ich stellte ihn mir vor, wenn ich in der Dämmerung durch den Wald lief. Der Bär wurde zum Inbegriff meiner Sehnsucht nach der wilden Urkraft der Natur und geisterte fortan durch meine Träume.

Ich blinzelte in die Morgensonne über dem östlichen Felsen. Über mir die gestreifte Markise, vor mir die weite Welt. Die hohen, markigen Schreie der Wanderfalken hallten wild und frei über die Wälder und Felsen. Mit der Sonne stieg meine Reiselust von tief unten langsam anschwellend nach oben. Sie kitzelte in meinen Eingeweiden, legte einen kleinen Stepptanz in meinem Herzen hin, erfüllte den Atem in meinen Lungen mit dem Geruch der weiten Welt und wurde schließlich als Titel-Melodie der A-Team-Serie aus meinem Mund gepfiffen. Die entscheidende Portion Reiselust aber kletterte noch bis unter die Schädeldecke, wo sie sich im engmaschigen Filter meines Verstandes verfing und sofort heiß diskutiert wurde:
»Nein, nein, nein, nein. Ich habe jetzt andere Pläne. Ich werde hier gebraucht, ich möchte hier etwas aufbauen.«
»Aber ich habe diese Sehnsucht doch schon so lange...«
»Die Sehnsucht kann warten.«

»Ich muss doch meinen Träumen folgen.«
»Ich muss aber vernünftig sein.«
»Ich würde gerne beides...«
»Geht nicht.«
»Stimmt.«
»Irgendwann aber mal.«
»Dann ist wieder was anderes.«
»Es ist ja immer irgendwas...«
»Aber irgendwie...«
»Irgendwo fühl ich, dass jetzt der richtige Zeitpunkt ist!«
»Wo denn genau?«
»Ach, so aus dem Bauch raus.«
»Du hast nur Hunger.«
»Frühstücken?!«
»Gute Idee!«

Schwalben saßen auf dem Dach des alten Hauses, in welches ich bald einziehen würde. Seine Fassade war schon etwas heruntergekommen, aber es zählen ja die inneren Werte. Und die hatte es zweifelsohne. Der Reinighof liegt weit außerhalb des Dorfes Bruchweiler-Bärenbach, mitten im Pfälzer Wald. Hektarweise dazugehöriges Land drum herum, eine eigene Quelle, Inselstromanlage, Traktoren, eine Holzwerkstatt, eine kleine Backstube und ein Tipi. – Der Traum eines jeden Landkommunenhippies.

Buntes Gemeinschaftsleben im Mehrgenerationenhaus, Selbstversorgergarten, altes Handwerk, Alternativ-Kultur und Seminarbetrieb: Die ganze Palette stand auf der bunten Fahne geschrieben, die wir bald gemeinsam hissen wollten. Ein Projekt mit großen Zielen, viel Idealismus, noch mehr Arbeit und natürlich viel zu wenig Geld. Eine Handvoll Leute, die sich kaum kannten, trafen auf einer Art Abenteuerspielplatz für Erwachsene zusammen. Ein riesiger Baukasten, mit tausenden von Möglichkeiten und mindestens so vielen Unmöglichkeiten. Und ich war dabei, spürte den Drang zu großen Taten, wollte anpacken und aufbauen, konnte es kaum erwarten, dass es richtig losgeht – und hatte mystische Bärenträume, die mich in die Ferne riefen ...

Die Gemüsebeete waren eingesät, die Kartoffeln gelegt. Mein zwanghafter Gärtnertrieb hatte nichts anderes zugelassen und nun war es der alte Zwist: Der Bauer gegen den Nomaden. Kain oder Abel. Wer schlägt hier wen tot? Brombeeren oder Braunbären? Unkraut jäten oder Träumen folgen?

Ich frühstückte einen schön geschäumten Milchkaffee mit meinen neuen Mitbewohnern Brando und Hong. Ersterer war kein großer Westernhelden-Darsteller, sondern ein zwergiger Schmied, letzterer kein chinesischer Reisbauer, sondern ein langhaariger Holzwurm. Wieder einmal redeten und planten wir, was denn alles auf dem Hof noch unbedingt zu tun wäre, was man alles noch tun könnte und wie wir anschließend die Welt vor der Apokalypse retten würden.

Beinahe alles auf dem Reinighof war in die Jahre gekommen: Es musste entrümpelt, renoviert, restauriert, repariert und kultiviert werden, was das Zeug hält. Grundlegende Arbeiten an der Basis, ehe wir die Zwietracht in der Welt beenden und die bedingungslose Nächstenliebe ausrufen konnten. Nicht dass mich die Basisarbeit abgeschreckt hätte: Ich war Feuer und Flamme, dieses großartige Projekt anzugehen! Ich stand in den Startlöchern, hatte Ärmel und Hosenbeine hochgekrempelt und den Spaten gewetzt. Doch nun plagte mich dieses aufdringliche, zugleich so wohlig kitzelnde Reisefieber.

Träume sind Schäume. Ich spuckte in die Hände und begann, mein zukünftiges Zimmer zu entrümpeln. Mit Tracy Chapmans ‚Talking 'bout a Revolution' in den Ohren machte ich mich ans staubige Werk. Ich wirbelte durch das schöne Zimmer, mit seinem bis zum Boden reichenden Gaubenfenster. Warmer Holzfußboden, ebensolche Wände und zwei Podeste, welche den Raum in insgesamt drei Ebenen aufteilten. Der alte Häuptling auf dem eingerissenen Poster an der Tür musterte mich würdevoll und mahnend.

‚*Erst wenn der letzte Fisch gefangen, der letzte Baum gefällt und der letzte Fluss versiegt ist, dann wird der weiße Mann merken, dass der Drops gelutscht ist!*'
So oder so ähnlich stand es daruntergeschrieben. Da der Chief damit verdammt noch mal Recht hatte, ließ ich ihn erst mal hängen und legte los.

Oberirdisch waren die Aufräumarbeiten überschaubar: Eigentlich nur ein paar klobige Möbel, die raus gewuchtet werden mussten. Unterirdisch aber, unter den Podesten, da verbarg sich der faule Zahn der Zeit, in Form von allerlei Krimskrams: Halbleere, längst eingetrocknete Farbeimer. Einmachgläser mit undefinierbarem Inhalt. Alles überzogen mit Spinnennetzen, darin die ausgesaugten Hüllen des gesamten Biene-Maja-Ensembles. Plastiksäcke mit Klamotten, in denen Generationen von Mäusen Fruchtbarkeitsorgien gefeiert hatten. Und die Ruine des Playmobil-Bauernhofs grub ich auch aus. Was meinen zahlreichen Vorbewohnern nicht wichtig genug gewesen war, hatten sie zurückgelassen, getreu dem Motto: ‚Vielleicht kann das ja mal irgendwann irgendeiner irgendwie noch gebrauchen'.

»Vielen Dank, ihr Selbstlosen!«, hustete ich in meine Staubwolke, eine eingetrocknete Mäusemumie zwischen den Fingerspitzen.

Gegen Mittag kroch ich halb bewusstlos aus den muffigen Katakomben des Mausoleums hervor und warf mich auf meine Matratze, wo ich, unter dem strengen Blick des weisen Indianerhäuptlings, sogleich in einen kurzen Schlaf fiel.

Und wieder befand ich mich in diesem fremden Wald, der kein Wald war, wie ich ihn kannte, sondern viel älter, viel mächtiger, ein atmendes Wesen. Vorsichtig ging ich, denn ich wusste, dass er hier lebte. ‚Wie ich es schon so oft geträumt habe', dachte ich mir, ohne mir jedoch bewusst zu sein, dass auch dies wieder nur ein Traum war. Plötzlich raschelte es im Unterholz, ich hörte ein schweres, tiefes Atmen und blieb wie zu Stein gefroren stehen. Gleich käme er auf den Pfad und wir würden uns in die Augen blicken. Furcht und Faszination verschmolzen miteinander.

Mein Herz schlug wild, alles kribbelte und ich fühlte den Boden unter meinen Füßen nicht mehr. Der große Moment eines lange vorherbestimmten Treffens stand unmittelbar bevor ...

Ein nasses, warmes Etwas fuhr mir durchs Gesicht. Ich tat die Augen auf und schaute in das bärtige Antlitz von Wolfgang. Sein Schwanz wedelte wild hin und her. Ich kraulte meinem lieben Kameraden die wuschelige Rübe, schüttelte mir den Rest Schlaf aus den Augen und kroch wieder tapfer unters Bett. Diesmal stieß ich bis ins allerhinterste Eck, der wohl seit tausend Jahren unbetretenen Unterwelt vor, wo ich auf einen besonders schweren Karton traf. Es war so einer voll mit Büchern, die wohl kein Mensch mehr jemals wieder lesen würde. Ächzend, hustend und buckelig wie der Glöckner von Notre Dame, zog ich ihn in Richtung Tageslicht. Ein letzter Ruck, um ihn vollends aus den Katakomben zu wuchten. Dabei rutschte ein Buch aus dem Karton und landete mit einem sanften *Plop* auf dem Holzboden. Ich hob es auf, sah es an und musste mich setzen. Ein Schauer durchlief mich, freudvoll, ein klein wenig unheimlich dabei. Dana, die vom Fußende der Matratze alles genau beobachtete, sah mich auf ihre ganz spezielle Art an; irgendwie wissend, dass gerade etwas ganz Entscheidendes geschehen war.

Ich blies den Staub weg und fuhr mit der Hand darüber, so als wollte ich fühlen, ob es wirklich echt und nicht wieder bloß ein Traumbild war. Kein Zweifel. Auf dem kindlich gemalten Cover lief ein grün gekleideter Typ, mit Händen in den Hosentaschen, über sanft dahinwallende Hügel. Hinter ihm blieb ein Häuschen mit rotem Dach zurück. Noch ein paar Bäumchen und ein paar Wolken vor dem gelben Himmel. Irgendwie hatte das Männlein sogar Ähnlichkeit mit mir. Der Titel des Buches stand daruntergeschrieben und ließ mich wundern:

‚Geh nur, vielleicht triffst du einen Bären'
Es war ein Kinderbuch aus dem Jahre 1981. Sein Inhalt waren drei

Kindergeschichten, die nicht viel mit Bären zu tun hatten. Die Botschaft auf dem Deckel aber war eindeutig der Wink mit dem kosmischen Zaunpfahl.

Wo war mein Rucksack? Die Wanderschuhe hatte ich schon an.

II.

Die Zusammenstellung der Expedition

Die Zutatenliste für mein in die Planungsphase geratenes Abenteuerspiel hatte ich schnell erstellt:

Das Expeditions-Team

Der Held: Christian ‚Sirius' Siry
Naturgärtner und Lebenskünstler. Waldbruder und Kräuterheini. Spielt Gitarre, singt nicht immer schön, aber meistens ehrlich und hat sogar schon mal ein Buch geschrieben. Spricht fließend Pälzisch und ein bisschen internäschenel Inglisch.

Natürlich braucht ein guter Held auch einen zweiten guten Helden, weil er sonst nur die Hälfte wert ist. Was wäre Winnetou ohne Old Shatterhand, Asterix ohne Obelix, Dick ohne Doof? Zum Glück hatte ich einen spontanen guten Freund namens:

Mohammad ‚Mo' Al Saffar
Sohn eines irakischen Shishaba-Besitzers und angehender Lebenskünstler. Jongliert und klettert. Interspiritueller Moslem, seit frühester Jugend Waldläufer. Außergewöhnlich starker Haarwuchs. Eben-

falls großzügig benast. Spricht fließend Arabisch.
Meine beiden Hunde sind immer inklusive, egal wohin die Wege mich führen:

Dana, einfach nur Dana
11 Jahre alt, Australian Shepherd. Ein echter Profi. Reiseerfahren, wanderte bereits mit acht Monaten auf dem Jakobsweg von Deutschland nach Santiago de Compostela. Versteht alles, was sie verstehen will und versteht es, den Rest zu ignorieren.

Wolfgang ‚Wolfi' Woller
5 Jahre alt, Danas Sohn. Ein Supertyp. Zotteliger Waldwuschel, noch stärkerer Haarwuchs als Mohammad Al Saffar. Bellt fließend und versteht eine Handvoll menschlicher Kommandos. Mein bester Freund.

Das Expeditions-Fahrzeug

Fiat Ducato, Baujahr 1986. Diesel. Verfügt über ein Cockpit, ein Schlafzimmer, ein Wohnzimmer, welches zum Gästezimmer umfunktioniert werden kann, einen Flur, eine Küche und ein Bad, jetzt Rumpelkammer. Das alles auf ca. acht Quadratmetern. Solarpanel auf dem Dach und super gestreifte Markise zum Ausrollen bei Sonne oder Regen. Noch drei Wochen TÜV.

Die Expeditions-Ausrüstung

Klamotten, Rucksäcke und Schlafsäcke für Fußexpeditionen, Taschenmesser, Feuerzeug, Zahnbürsten (2), Fotoapparat, ein schlaues Buch über Bären, eine Gitarre, Jonglierbälle und unzählige Gläser mit selbstgesammelten Kräutern zum Würzen oder für Tee.

Die Zusammenstellung der Expedition

Die meisten Ausrüstungsgegenstände waren allzeit bereit. Nur zwei wichtige Komponenten fehlten noch: Die TÜV-Plakette und Mo. Der liebenswürdige Hampelmann schien mir der perfekte Mitbärensucher zu sein, doch wusste er noch nichts von seinem Glück.

Als er sein kleines, verbeultes Auto am Waldrand geparkt hatte, stürmten Wolfi und Dana auf ihn los, als wäre er ein Rinderknochen. Sie liebten ihn abgöttisch. Sofort ließ er sich auf eine wilde Balgerei ein, bei der er eindeutig den Kürzeren zog.

Ich erinnerte mich, wie ich ihn aus dem Fenster meines windschiefen Bauwagens namens Alfons durch die Felder den Berg hoch tingeln sah, mit seinem verschlissenen Kinderrucksack, freudig singend und winkend. Damals lebte ich noch auf dem Stolzenbergerhof, in der lieblichen Nordpfalz. Hinter der Scheune stand mein Heim auf Rädern. Äußerlich vom Zahn der Zeit angenagt, aber innen schön kuschelig. Mit einem Bollerofen, fünf Festmetern Holz, einem Gaskocher und jeder Menge Kerzen war Alfons mir eine urgemütliche Winterhöhle. Ein Sommertraum sowieso.

Hin und wieder lud ich Jugendliche ein, eine Brise Morgenluft in meiner Parallelität zu schnuppern. Sie witterten eine andere Welt, die irgendwo jenseits von Schulbank, Karriereleiter und Konsumzeitgeist existierte. Nicht in Patagonien oder Kamtschatka, sondern in der Nordpfalz, mitten in Deutschland. Der lebendige Mikrokosmos einer Gegenkultur von ‚Geiz ist geil‘ und ‚sind wir nicht alle ein bisschen McDonald`s‘, pädagogisch wertvoll und garantiert nachhaltig.

Die Jungs und Mädels besuchten einen nicht mehr ganz normalen Onkel, der wie Peter Lustig in einem Bauwagen lebte. Zwölf Quadratmeter, eine Gitarre, ein Regal voller weiser Bücher und duftende Kräuterbündel, die zum Trocknen von der Decke hingen. Der Bauwagen aber war nur sein Schlafgemach, denn sein Wohnzimmer war die große Freiheit um ihn herum: Die verschlafenen Hügel, das märchenhafte Wolkenbilderbuch und dazwischen die Weite, in welche die Seele tauchen konnte. Im Winter zog es zwar etwas kalt durch die gute Stube, doch dafür leuchteten die Sterne an ihrer Decke

heller, als es die Jugendlichen in ihrem vom Streulicht verblendeten Kleinstadthimmel je gesehen hatten.
»Geil, das ist ja wie im Planetarium. Das schickt!«
»Alder, was geht'n ab...«
»Leck!«
Bald bemerkten sie, dass der arme Onkel Löwenzahn in seinem Vorkriegs-Bauwagen in Wirklichkeit sehr reich war. Auf ganz eigentümliche Art sogar reicher als ihre redlich arbeitenden Väter, die ihr Einfamilienhaus, das neue Auto und was sonst nicht alles noch abbezahlen mussten. Da blieb kaum Geld übrig und Zeit schon gleich gar nicht. Der Onkel aber sagte ihnen das nicht. Im Sinne neuester neurologischer Erkenntnisse, die wieder einmal das bestätigten, was man schon immer wusste, ließ er sie viel lieber selbst darauf kommen. Lernen durch Erfahrung. Und so erkannte auch der ganz besonders aufgeweckte Sohn des Shishabarbetreibers:
»Es gibt zwei Arten von Reichtum. Reich sein an Geld und reich sein an Zeit. Aber komischerweise kannte ich vor dir niemanden, der von beidem genug und nie zu viel hat.«
Er hatte den Nagel auf den Kopf getroffen. Ich war einer von denen, die reich waren an Zeit und immerhin genügend Geld hatten, um meinen kleinen Luxus genießen zu können: Sonnenuntergänge wie im Reiseprospekt, unter der Woche mal schön ausschlafen und sich auch mal ein ordentliches Stück Bio-Ziegenkäse kaufen.
Natürlich gab es auch viel zu tun. Langeweile ist kein Zustand. Jedoch kultivierte ich mir die Freiheit, selbst über meine Zeit bestimmen zu können. Wenn es mich des Morgens, inspiriert von einem leckeren Kaffee, zum Gitarrespielen deuchte, so sang ich meine Lieder und zog danach erst los in die Gärten, um mir meine Biokäseration zu verdienen. Oder ich packte meine Gitarre in den Wagen und fuhr in eine kleine Stadt. Dort ließ sich das Angenehme mit dem Nützlichen aufs Beste verbinden. Ich klampfte und sang heiter vor mich hin und konnte zusehen, wie sich mein Hut wie aus vielen Zauberhänden mit Münzen füllte. Wenn mir weder nach dem einen noch

dem anderen war, blieb ich einfach Zuhause und ließ mir die Sonne auf den Bauch scheinen. Meine Lebenskosten hielt ich so, dass ich mit relativ wenig Zeitaufwand gut leben konnte. Das war einfach und dabei lebte ich nicht schlecht: Ich aß das Bio-Gemüse aus meinem Garten, und was dort nicht wuchs, zum Beispiel Käse und Wurst, das kaufte ich vom Bio-Bauernhof. Die Miete für den Stellplatz meines Bauwagens betrug 50 Euro. Der alte Kombi, den ich fuhr, hatte 500 Euro gekostet. Seine Beulen und Kratzer verletzten mich nicht in meiner Eitelkeit. Die wertvollsten Luxusartikel aber waren umsonst: Das Wolkentheater am Himmel, die Sonnenuntergänge, die langen Eiszapfen, die vom Wagendach herunterhingen und das erste Bienensummen in der Weide, welches das Frühjahr ankündigte.

Mohammad, der junge Muselmann, der da so fröhlich mit seinem Afro-Kopf wackelnd den Berg hochkam, war schwer beeindruckt von diesem Leben. Er stellte seinen fast auseinanderplatzenden Rucksack ab, hob drei Steinchen auf und zeigte mir seine ersten Jongliererfolge. In drei Tagen war er die hundert Kilometer von seiner Heimatstadt bis zum Stolzenberg gewandert – zum spontanen Überraschungsbesuch.

Das hatte mich vollends überzeugt. Fortan nahm ich ihn in den Burschendienst. Er assistierte mir bei Wandertouren mit Jugendlichen und Erwachsenen, die ich auf dem Jakobsweg durch die Pfalz führte. Draußen übernachten, Lagerfeuer und echte Vagabundenromantik für den Normalverbraucher. Eine gute Zeit unter Freunden, etwas Geld verdient und wieder etwas hirnorganischen Nährboden für natürliches Gedankensaatgut bereitet: Idealismus, Arbeit und Freizeit verschmolzen ineinander. Über die Jahre wurde aus unserem ‚Groß und Klein'-Verhältnis eine echte Freundschaft. Den Altersunterschied merkte man uns bald kaum mehr an. Das was ich jünger aussah, sah Mo älter aus. Wir ergänzten uns perfekt. Ein bisschen waren wir wie Seelenbrüder.

Nachdem Wolfi und Dana sich wieder beruhigt hatten, spazierten wir durch den Wald. Bald kamen wir zu einem vom Wind zusammengewürfelten Riesenmikadohaufen aus Fichten. Dort setzten wir uns auf einen mit Moospolster überzogenen Stamm. Auf dem Waldsofa drehte ich eine feierliche Zigarette, die wir brüderlich rauchten. Als die Stimmung besinnlich und bedeutungsschwanger genug war, leitete ich meinen Expeditionsrekrutierungsantrag ein.

»Mo, hast du eigentlich schon mal einen Bären gesehen, der nicht im Fernsehen oder im Zoo war?«

»Nein, nur mal einen Fuchs.«

»Nicht schlecht. Aber so ein Bär, das wär doch schon mal was anderes als ein Fuchs, oder?«

»Das wär ein bisschen größer, seltener und aufregender als ein Fuchs, definitiv.«

»Jetzt stell dir mal vor: Du, ich, Dana und Wolfgang alone into the wild. Mit meinem Bus on the road to somewhere far away. The smell of a great adventure in unseren ungepflegten Bärten. Lonesome travelers auf Bärensuche ...«

»Hmm, hört sich really like a good time an.«

Kurzes Schweigen im Walde. Ein Habicht tauchte aus dem Nichts auf und flog lautlos über unsere Köpfe. Wir konnten den Luftzug in den Haarspitzen spüren.

»Und wo gibt's die Bären?« fragte Mo, dem Habicht nachblickend.

»Keine Ahnung. Wir fahren einfach immer unseren Riesenkünstlernasen nach und setzen darauf, dass wir im rechten Moment den richtigen Riecher haben.« »Wann soll's losgehen?«

»In ein paar Wochen.«

»Hört sich echt verdammt gut an.«

»Dann denk mal drüber nach.«

»Ich werde drüber nachdenken.«

»Beeil dich bitte mit dem Denken und sag mir Bescheid, sobald du es weißt.«

Wie in Zeitlupe drückte er die Zigarette auf der Borke aus.

»Okay. Ich bin dabei!«
Wir schlugen ein und klopften uns auf die Oberarme.
»Aller hopp!« wie der Pfälzer so schön sagt.
»Aller hopp!« sprach auch der Muselmann.

III.

Das Schildkrötenphänomen

‚Zufall ist das Fällige, was einem zufällt, ohne das es auffällt.'
Zufällig aufgeschnappt

Drei Tage vor Reisebeginn wachte ich mitten in der Nacht auf und schrieb im Kerzenschein einen abgefahrenen Traum in mein Tagebuch:
Ich sehe diese Schildkröte, scharf gestochen und überwirklich, wie sie sich in hingebungsvoller Schwerfälligkeit unaufhaltsam ihren Weg bahnt. Über Stock und Stein, durch dorniges Gestrüpp, zwischen trampelnden Füßen hindurch, immer Richtung Horizont, der mit jedem ihrer kleinen Schritte weiter und immer weiter wird. Dann fliegt die ‚Traumkamera' nach oben, die Schildkröte wird kleiner und immer kleiner und bald kann ich sie nur noch als winzigen Punkt erkennen, wie sie selbst über einen riesigen Schildkrötenpanzer kriecht, der sich unaufhaltsam seinen Weg durch die sternengepflasterte Nacht zu ihren Füßen bahnt. Dann öffnet sie ihren zahnlosen Mund und sagt: »*Jederzeit ist jetzt.*«

Am folgenden Morgen blätterte ich in der Zeitung herum und stieß dabei auf zwei wichtige Randnotizen.

Erstens: LONESOME GEORGE IST TOT
Im zarten Alter von einhundert Jahren. Eine 90 Kilogramm schwere Galapagos-Schildkröte, die letzte ihrer Spezies. Sie lebte in einer Forschungsstation, doch die ganze Forscherei konnte sie auch nicht retten. George war tot und genau wie Bruno würde man ihn ausstopfen und ins Museum stellen.

Zweitens: FORSCHER ENTDECKEN GOTTESTEILCHEN
Lange hatte man es nur vermutet, jetzt endlich gefunden: Das Higgsteilchen, auch Gottesteilchen genannt. Soweit ich das mit meinem Physik-mangelhaft-Verstand verstanden habe oder auch nicht, ist es so etwas wie die kleinste messbare Einheit. Der multiple Komponentenkleber, der die Mysterien der Quantenphysik zueinander in Beziehung stellt. Das Teilchen, welches den Zufall zu dem Fälligen macht, was einem zufällt, ohne dass es auffällt. Oder so.

Ich klappte die Zeitung zu und stieg um zwei wichtige Informationen reicher ins Auto. Es war Sperrmüll und überall in den Straßen lagen überflüssig gewordene Dinge herum. Schon als Kind liebte ich die Schatzsuche im Gerümpel fremder Leute. Die unnötigsten und schönsten Sachen gab es da zu entdecken. Ich ließ mich treiben und Higgs, alsbald fand ich ein ganz besonderes Teilchen: Ein Bambus-Windspiel auf dessen runder Aufhängung die geschnitzte Figur einer Lonesome-George-Kröte angebracht war. Welch netter kleiner, zufälliger Zufall.

Am darauffolgenden Tag strich ich mein frührentnerbeiges Wohnmobil grün an. Dann würde es nicht mehr so auffallen, wenn es irgendwo im Bärenwald stünde. So grün wie es nun war, erinnerte es mich allerdings zu sehr an ein historisches Militärfahrzeug. Das stand mir, dem Weltretter und Friedensboten, doch nicht so recht passend zu Gesicht. Zum Glück fand ich noch etwas rote Farbe und entmilitarisierte es, indem ich ihm kurzerhand einen breiten roten Streifen am unteren Ende des Aufbaus, sowie ein rotes Dreieck auf der Motorhaube verpasste. Nun fehlte nur noch ein winziges Detail, von dem jedoch die ganze Fahrt abhängig war: Die TÜV-Plakette.

Reine Formsache. Zuversichtlich fuhr ich in die Garage der Prüfstelle. Zehn Minuten später verließ ich sie wieder, mit Mundwinkeln auf Halbmast. Auf dem Beifahrersitz lag ein gesalzener Mängelbericht: Nicht funktionierende Lämpchen, von denen ich gar nicht wusste, dass es sie überhaupt gab, Löcher im Auspuff (Ach deswegen brummt der so laut...), Bremsen, Reifen, Rost, Gasprüfung (wie Gasprüfung?) nicht vorhanden und dies und das. Maschinen waren noch nie mein Thema gewesen. Ölige Metallteile, kalte Schrauben, Kabelwirrwarr und viel zu viele Einzelteile: Im Garten schien einfach mehr Sonne als in der Werkstatt. Zwischen Brennnesseln und Pusteblumen fühlte ich mich besser aufgehoben. In solchen Fällen hieß es dann allerdings: Leider verloren! In drei Tagen sollte es losgehen. TÜV-Komplikationen konnte ich nicht gebrauchen. Ausnahmsweise einmal hatte ich mir einen straffen Zeitfahrplan zurechtgelegt und sofort geriet er aus den Fugen.

Frustriert dümpelte ich zur Gärtnerei, um ein paar Wildblümchen für den Garten meiner Mutter zu kaufen. Das hatte ich ihr versprochen. Ich fühlte mich innerlich getrieben, gehetzt, musste mich beeilen, tat aber das Gegenteil: Hier mal schnuppern, da ein Schmetterling und ach wie schön doch die lilablassrosanen Akeleien blühen. Dazwischen immer wieder mein innerer Drängler: ‚Ich habe doch keine Zeit! Soviel noch zu erledigen und kein TÜV! Wie soll das noch hinhauen? Shit...'

Völlig gestresst lud ich die Pflanzen in den Bus, würgte den Motor zweimal ab und überfuhr noch eine Kiste Primeln, bevor ich wieder auf der Landstraße war.

Ich kam bis zu einem stillgelegten Bahnhof, wo plötzlich eine wild winkende Frau am Straßenrand auftauchte. Sie strahlte wie ein Honigkuchenpferd und wäre mir fast vor den Bus gesprungen. Es war eine alte Freundin. Ich musste einfach anhalten. Nur mal ganz kurz reinkommen, auf einen Kaffee.

Und aus ganz kurz wurde kurz, aus kurz nicht so lang, aus nicht so lang viel zu lang. Die Gute war etwas über fünfzig, trank sehr gerne Kaffee und rauchte und redete und redete und rauchte im munteren Fluss. Sie kam von Bagdad auf Bangkok, von Rhabarber auf Palaver, von gestern irgendwann auf morgen vielleicht. Von schräg oben sah ich mich dasitzen, am Stuhl festgetackert, gefangen in einem nebulösen Zeitloch, während da draußen der Bär als brauner Punkt am Horizont verschwand.

‚Jederzeit ist jetzt!'

War es nur die schwüle Hitze oder stimmte etwas mit dem Zigarettenrauch nicht? Da saß doch schon wieder eine Schildkröte vor mir und sie plauderte und plauderte, während sich die Minuten im Kaffeedunst und Zigarettenqualm in Stunden verwandelten und ich mich im Gefühl des einsamen Bahnsteigs verlor, während der Zug des Lebens auf endlosen Gleisen davonratterte.

Was tat ich hier? So viel war zu tun und ich tat gar nichts. Ich saß in einer Zeitfalle. Viel zu langsam. Aber war das die Schildkröte nicht auch? War sie eigentlich nicht viel zu langsam für diese schnelle Welt? Dennoch existierte sie seit Urzeiten. Sie hatte ja ihren Panzer. Ihr Haus auf dem Rücken, in dem sie die Zeit einfach anhalten konnte. Dort drinnen war sie in ihrer ureigenen Zeitzone konserviert, konnte kalte Nächte, heiße Tage und die Hektik der Welt aussitzen. Und wie war das noch gleich mit Kassiopeia in Michael Endes Momo?

Aber ich hatte keinen Panzer, sondern einen Bus ohne TÜV und ich hieß auch nicht Momo, sondern Christian und ich hatte endlich genug von diesem Kopfkino. Urplötzlich sprang ich vom Stuhl, so dass er nach hinten umfiel, drückte die erschrockene Schildkröte und sprach:

»Liebe Kassiopeia, ich muss jetzt wirklich los! Tut mir leid, war echt nett, danke für den Kaffee, ich komme bestimmt mal wieder vorbei und Tschüss!«

Fluchtartig rannte ich über die Straße zum Auto. Beeilung! War ich tatsächlich zu langsam? Konnte man überhaupt zu schnell oder zu langsam sein? Ein paar Minuten später und nur wenige Kilometer weiter sollte ich die Genialitivitätstheorie im Raum-Zeit-Gefüge auf göttliche Weise demonstriert bekommen. In 3-D und Farbe, ganz ohne quantenphysischen Higgs-Hokus-Pokus. Die Antwort auf meine Fragen hatte vier Stummelbeine und war bereits unterwegs zu unserem Date.

Ich nahm die kleine Abkürzung zu meiner Mutter, wo ich noch ein paar wichtige Dinge erledigen wollte, unter anderem ein leckeres Abendessen. Fünf Minuten konnte ich so einsparen. Fünf lächerliche Minuten, im Vergleich zu den Stunden, die ich heute schon vertrödelt hatte! Ich beeilte mich mehr oder weniger nur, um mich zu beeilen, in der Hoffnung, dass so meine innere Unruhe zur Ruhe kam.

Meine Stirnmuskulatur faltete das Wort ‚schnell' auf meinen Kopf, während ich den Feierabendverkehr behindernd, mit 60 km/h die Landstraße hochkroch. Hinter mir der übliche Autokorso, genervte Gesichter, eines davon kurz davor, ins Lenkrad zu beißen. Wie eine Schildkröte, dachte ich bei mir, grün, das Haus auf dem Rücken tragend und viel zu langsam für diese zeitbestohlene Welt.

Links und rechts der Straße standen die Getreidefelder im Saft. Träge drehten sich ein paar Windräder. Irgendein Gestresster hinter mir hupte einmal energisch auf. Eigentlich kein Grund zur Aufregung, das war ich gewohnt. Aber heute regte ich mich auf und hupte zurück. Und dann passierte es: Von links aus dem Randbewuchs, zwischen Gräsern und weißen Wegblümchen, tauchte sie auf und wetzte, so schnell sie ihre kurzen Beinchen trugen, über die Straße. Träumte ich? Eine echte, lebendige, kuchentellergroße Schildkröte!

Mir blieb nicht einmal Zeit mich angemessen zu wundern. Geistesgegenwärtig machte ich den Warnblinker an und brachte den Bus zum Stehen. Ich musste schnell sein, ehe sie ein rasender Normalverbraucher in seinem Feierabendwahn überfuhr. Mit ausgestrecktem Arm und feurigem Blick stoppte ich den Gegenverkehr. Dann bückte ich mich und hob die Schildkröte auf. Ihre Beinchen liefen in der Luft noch weiter, während ich der Frau mit den weit aufgerissenen

Augen im Auto gegenüber dankend zunickte. Ich schaute noch einmal in das wütende Gesicht des Hupers hinter mir, deutete mit der freien Hand auf die Schildkröte, grinste mein breitestes Grinsen und stieg wieder ein.

Noch immer das strampelnde Reptil in der linken Hand fuhr ich weiter, als hätte ich gerade ganz selbstverständlich einen alten Bekannten aufgelesen. Die Schildkröte und ich schauten uns ungläubig an. Beide hatten wir ein Realitätsproblem. Sie, dass sie plötzlich in Schildkrötenlichtgeschwindigkeit unterwegs war, ich, dass ich plötzlich eine Schildkröte in der Hand hatte.

Im nächsten Dorf hielt ich am Straßenrand, kletterte nach hinten ins Wohnzimmer und setzte sie in einen leeren Blumentopf. Wolfgang und Dana beschnupperten den seltsamen Fang mit großen Nasen. Erst jetzt erfasste ich die wahrhafte Unwirklichkeit dieser Begegnung in vollen Zügen. War das alles nur ein Traum? Einmal in den Spiegel schauen und kurz, aber kräftig auf die Lippe beißen: Ein eindeutig reales Aua kam dabei heraus.

Der Traum, Lonesome George, die Schildkröte auf dem Sperrmüll, die Frau in der Zeitfalle, die mich an eine Schildkröte erinnerte, meine Gedanken an Kassiopeia, meine Zeitfragen. Und dann so ein klitzekleiner Moment, in dem die Schildkröte genau vor meinen Bus gelaufen ist. Etwas früher und ich hätte sie nicht gesehen, etwas später und sie wäre unter meinen Reifen zu einem breiigen Fleck mit Hartschalenanteilen auf dem Asphalt geworden.

‚Jederzeit ist jetzt' hallte der Satz der Traumschildkröte in meinem Kopf wider.

Konnte ich jemals zu langsam gewesen sein? Ist es esoterisch zu glauben, dass es so etwas wie Fügungen gibt? Oder ist es viel esoterischer zu glauben, dass irgendetwas einfach ‚nur so' passiert? Alles baut doch aufeinander auf, eines bewegt das andere; Aktion, Reaktion, Gedanken sind Kräfte, Resonanzgesetz, Quantenphysik, Higgsteilchen und so Zeug. Sind Träume Schäume, oder, wie es die Indianer glaubten, gar wirklicher als der Wachzustand? Mag das jeder für sich selbst herausfinden. Für mich jedoch sollte das Prinzip der Schildkröte das Navigationssystem meiner Bärensuche werden, auch wenn mir dieser Umstand erst ganz am Ende der Reise vollends einleuchten sollte.

Schlagartig war meine Zuversicht zurückgekehrt. Es konnte doch gar nichts schiefgehen! Ich grinste wie ein Honigkuchenbär. Mein Reiseführer, Gevatter Zufall, war an Bord gekommen und sollte mir von nun an nicht mehr von der Seite weichen, auch wenn er in einigen Momenten mein Vertrauen noch ganz schön auf die Probe stellen sollte.

Ich taufte die Schildkröte Kassiopeia und siedelte sie im Garten meiner Mutter an. Da der alten Dame dieser Name zu kompliziert war, nannte sie das Raumzeit-Wundertierchen einfach Gretchen. Heute heißt Gretchen aber Tom, da sich herausstellte, dass sie ein Männchen ist und Mama Aristoteles ebenfalls zu griechisch war.

IV.

Für eine Handvoll Narrenkraut

Ein guter Schrauberfreund, ein bis zwei fest zugedrückte Augen, Trick 17 und eine Prise Dusel: Die TÜV-Plakette klebte rechtzeitig auf meinem Nummernschild. Nun konnte die Vorfreude ungetrübt vom Himmel scheinen, waberte über die Wiesen und tanzte zum Fenster herein über unseren Frühstückstisch. Gleich würden wir auf der Reise Richtung Bärenland sein, wo auch immer dieses sein mochte.

Nach ein paar Honigbroten erhoben wir uns. Wie Cowboys vor ihrem großen Ritt schritten wir mit schweren Stiefeln hinaus und saßen auf. Mit viel Liebe zum Detail stellten wir uns die Sitze ein und kurbelten die Fenster herunter. Dann legte ich die extra zusammengebastelte Reise-CD ein, auf der Bear-Trip Soundtrack geschrieben stand. Ich wartete bis die ersten Takte erklangen, um dann passgenau, als der Gesang von Eddie Vedder einsetzte, den Zündschlüssel umzudrehen. Brando schoss das Startfoto und Hong rannte theatralisch winkend hinter dem Bus her, bis er sich in den aus dem Auspuff quellenden Nebeln von Avalon verlor.

»Haltet die Stellung Jungs, bis gleich!« rief ich durch die graue Wand, aus der ich nur ein gequältes Husten und Röcheln vernahm.

Wir waren auf der Reise, wohin genau wussten wir noch nicht.

Unterwegssein war erstmal die Hauptsache. Hinter uns der Aussiedlerhof am Ende der Straße, vor uns die weite Welt, aus der sie kam und in die sie führte. Lauthals sangen wir mit Eddie und Eddie sang mit uns. Am Ortsschild von Bärenbach hielt ich an und machte das erste Foto. Von Bärenbach aus auf Bärensuche, das hatte was. Dann stieg ich wieder ein und zückte zwei Starterleckerlis, um sie den treuen Kameraden auf den hinteren Plätzen zuzustecken. Doch Moment mal! Da war nur die glatte Fellnase von Dana. Aber wo war die wuschelige von Wolfgang? Ich ging nach hinten ins Wohnzimmer und schaute unter den Tisch. Nichts. Kein Wolfi an Bord. Ich wendete. Alles wieder zurück an den Start. Der Kamerad kam uns schon entgegengerannt. Der Schrecken, die große Reise fast verpasst zu haben stand ihm in den Bart geschrieben. Hong stand lächelnd auf der Straße.

»Welcome home! Na, habt ihr den Bären schon erlegt?«

Zweiter Versuch. Sicherheitshalber noch einmal durchzählen: Alle vier waren an Bord. CD wieder auf Anfang und auf ein Neues! Durch die sonnengetränkten Hügel des Pfälzer Waldes nahm uns die Straße der Lonesome Riders auf wie der Südwind die Zugvögel. Ohne Kompass, ohne Plan. Wohin würde sie uns führen? Wir hatten keinen Schimmer, aber immerhin einen Anhaltspunkt: Bruno. Dort wo er gestorben war, sollte unsere Spurensuche nach bärigen Lebenszeichen beginnen.

Unsere erste Ausfahrt hieß Landau. Ein nettes kleines Städtchen. Wunderbar geeignet zur Umsetzung unseres Finanzierungskonzepts der Expedition. Sprit und Spesen wollten wir mit Straßenmusik und Jonglage tilgen. Aus Erfahrung ein gutes Brot, denn schon des Öfteren hatte ich damit einen recht überdurchschnittlichen Stundenlohn eingestrichen. Ich wusste mittlerweile ja auch genau, worauf es ankam.

Zuallererst suchten wir das strategisch günstigste Plätzchen. Mit der Straßenkunst verhält es sich nämlich ähnlich wie mit dem Angeln. Die richtige Stelle am Fluss der vorbeiströmenden Menschen, plus den richtigen Zeitpunkt, dann beißen sie auch gut! Dabei immer gut gelaunt, aber unaufdringlich gucken. Und immer schön Danke sagen nicht vergessen.

Wir gebärdeten uns wie weitgereiste Künstler von Welt, die der pfälzischen Provinz ihre Ehre erwiesen. Die Eisschlecker, Taubenscheucher und aufs Handystarrer huschten an uns vorüber. Ein jeder in seiner eigenen, kleinen Welt in wichtiger Mission unterwegs. Wie zwei Fischer standen wir am Ufer dieses graubunten Flusses. Ich stimmte mit professionellem Gesichtsausdruck die Gitarre, Mo jonglierte seine Bälle Probe. Alles klar. Wir nickten uns zu. Dann warfen wir die Angel aus.

Als Köder hatte ich einen dicken Euro in den löchrigen Strohhut gelegt, um gleich einen Trend entgegen den mageren Kupferlingen zu setzen. Gemäß dem Resonanzgesetz würde er wie ein Magnet weitere Euros anziehen. Ich redete meinem versilberten Wurm am Haken noch einmal gut zu, dann griff ich in die Saiten, Mo in die Bälle, irgendwie und einfach so drauf los, während Wolfi und Dana sich auf dem Pflaster räkelten.

Wir wackelten und hampelten fröhlich im Takt. Bälle und Töne flogen zwischen den Häuserschluchten umher, durch die der Strom mittagsträge vor sich hinplätscherte. Doch unser Köderungs-Euro blieb lange einsam im Hut. Es dauerte geschlagene drei Songs, bis sich ein paar Zwanzig-Cent-Stücke dazu verirrt hatten. So war das nicht gedacht, liebe Leute! Doch die Fische schienen satt und gelangweilt. Vielleicht lag es auch ein kleines bisschen daran, dass meine irischen Lieder und Mos Jonglage ungefähr so viel gemeinsam hatten wie ‚Whiskey in the jar' und Mekka. Der Schweiß perlte auf mürrischen Gesichtern, ab und an grinste auch mal eines mitleidig. Mit jedem achtlos vorübertingelnden Fußgänger kamen wir uns blöder vor. Es war schwül und drückend und irgendwie fühlten wir uns zur falschen Zeit am falschen Ort.

Noch ein Lied, das sollte es dann gewesen sein. Ich gähnte eher von

Holy Bearshit

der ‚rocky road to Dublin' als dass ich sang, als sich ein schlaksiger Typ wie ein rostiger Liegestuhl vor uns aufklappte. Er musterte uns mit kritischem Blick, wie ein Dieter Bohlen im Althippie-Stil, statt jung getrimmt und proletengebräunt, blassgrau und ausgebrannt. Lange, graue Haare, zwei golden beringte Segelohren, ein Shirt mit verwaschenem Regenbogen darauf und eine rehbraune, speckige Lederhose. Eine Duftwolke hüllte ihn ein, die an eine fatale Kombination von alten Socken und Leberwurst erinnerte.

»Die D-Said is vestimmd...«, sagte er mit belegter Stimme.

Der hatte uns gerade noch gefehlt: Ein ‚ich hab die Welt gesehen und weiß wie's läuft und mach schon seit fünfhundert Jahren Mussig'-Alt-68er.

»Macht nix, ich bin auch verstimmt«, gab ich zu und nahm die Gitarre ab.

»Landau is nix, ehr missen uff Lautre fahre!«, gab er uns väterlichen Rat.

Nein, wir wollten gewiss nicht nach Kaiserslautern. Wir wollten in die weite Welt und die lag definitiv in der entgegengesetzten Richtung. Ich erklärte ihm, dass wir sowieso gerade im Begriff waren zu gehen. Seine Hände machten eine beschwichtigende Geste.

»Hehr, ehr Menner, machen e mo langsam. Wo wollen ehr dann iwwerhaubt hie?«

»Richtung Alpen, erst mal. Vielleicht später noch ans Meer, mal sehen. Alles ist offen.« Ich zog den Reißverschluss der Gitarrentasche zu.

»Machen e mo ganz langsam, die lahfen jo nett ford. Als allererschdes mo: Ich bin de Frenk.«

»Hi Frank, wir sind Chris und Mo und wir gehen jetzt wieder.«

»Nee, ich has nett Frank. Ich has Frenk. Ehr kennen abber aach Frenki zu mer sa.«

Ich besann mich meiner Wurzeln und antwortete in der Sprache der hiesigen Natives:

»Okay Frenki, du kannsch ach Grischtjan un Moha-Mett zu uns sa.«

Er lachte. »Ehrlisch jetz? Dess is klor! Wie der ane vun de Kersch un der anner ausem Islam!«

»Jo.«

Frenki hatte den Durchblick. Mit diesem durchgezechten Blick musterte er uns anhaltend und geheimnisvoll. Wir packten derweil zusammen.

»Horschen mo, ehr Männer: Raachen ehr aach was?«

»Nein, eigentlich rauchen wir nicht.«

»Eigendlisch?! Aber manschmo schun, odder? Wenn ehr do uff de Gass Musig machen und mit dene Bäll do und wie ehr guggen unn so dorsch die Weldgschicht fahrn ...«

Und ehe ich mich versah, nahm er meine Hand und drückte mir ein Häufchen trockenes Grünzeug in selbige. Als er meine Hand mit der seinen schloss, sah ich auf deren Rücken eine dilettantisch tätowierte Schildkröte aufblitzen.

Jederzeit ist jetzt.

Konnte das ein Zeichen sein oder war es bloße Spinnerei? In jedem Fall war es verblüffend genug, die milde Gabe Frenkis in meiner Tasche verschwinden zu lassen. Er grinste zufrieden:

»Wann er do irschendwo in de Berje am Lagerfeuer hocken, dann sein ehr froh defor!«

»Na gut, dann vielen Dank.«

Er lachte wie ein kumpelhafter Teufel. Dann fragte er mit listigem Blick: »Was suchen ehr dann werglisch?«

Mo und ich sahen uns verdutzt an.

»Ja, aller hobb, ehr fahrn doch nett nur so dorumm, dess seh isch eisch doch o.«

»Bären«, gab Mo zu. »Wir suchen Bären.«

Frenki grinste so breit, wie er war.

»Blaubeerscher oder was?«

»Noa. Braunbeerscher.«

»Hehren uff! Eschd jetz?«

»Eschd jetz.«

»Ehr sein doch druff!«

Frenki konnte es nicht fassen.

»Ehr sein doch die Allerhärdschde!«

Er hielt uns für völlig durchgeknallt. Und lachte, bis er so abscheulich husten musste, dass mehr Leute stehen blieben, als zu unserer Straßenkunstperformance. Als er sich etwas beruhigt hatte, japste er: »Ei gut, dann kennen ehr jo aner raache, wenn ehr anner gfunne habn!«

Wenn er wenigstens leise japsen würde.

»Dass ehr gern mo aaner raachen, hunn isch glei gewissd, wie ich eisch gseh hunn!«

Hoffentlich denkt das nicht jeder von uns, wenn er uns sieht! Obwohl: Zwei Straßenkünstler, bärtig und barfuß, mit komischen Hosen, zwei Hunden ohne Leine und lustigen Nasen.

»Abber bassen uff mit dem Zeisch! Des is orginal Pälser Narrekraut!«

»Alles klar. Danke, Frenki.«

Ich ergriff seine Hand und schüttelte sie, um endlich hier wegzukommen. Er klopfte uns auf die Schultern, sah uns tief in die Augen und gab uns noch eine großväterliche Weisheit mit auf den Weg:

»Ehr Männer, dengen drah: Braunbärscher sinn ka Blaubeerscher. Bassen uff!«

Mit diesen mahnenden Worten schieden wir voneinander. Nach zehn Metern rief er uns noch einmal lauthals hinterher, so dass es durch die ganze Fußgängerzone schallte:

»Unn wenn ehr do unne am Meer hoggen unn schee ahner raachen, dann denggen an de gude alde Frenki!«

Ohne uns noch einmal umzudrehen, hoben wir jeweils einen Arm zum letzten Gruße, dann verschwanden wir unerkannt im Menschenstrom, mit acht Euro fünfundsiebzig und einer kleinen Menge verbotener Fracht in der Tasche.

Prüfend sahen wir uns an: Zurzeit hatten wir beide Kurzhaarfrisuren, das ließ uns definitiv etwas seriöser wirken. Noch vor kurzem hatte Mo, mit seiner Dreadlock-Matte, ausgesehen wie der kleine Bob Marley. Nun ähnelte er mehr dem iranischen Präsidenten Ahmadinedschad. Ob das tatsächlich unverdächtiger war ließ sich allerdings bezweifeln. Die Grenzer würden ihn auf jeden Fall eher nach Bomben durchsuchen als nach Narrenkraut.

Unsere Bärte wirkten wiederum nicht sehr vertrauenerweckend und auch unsere Nasen waren überdurchschnittlich, vielleicht sogar verdächtig. Allemal gaben sie uns Profil und des Öfteren waren wir mit ihnen den Durchschnittsgesichtern eine halbe bis dreiviertel Nasenlänge voraus. Sie machten uns definitiv auch optisch zu dem, was wir waren: etwas anders als die Anderen.

Auffällig war zweifelsohne auch unser grüner Bus, mit dem Federschmuck am Rückspiegel und allerlei anderem außergewöhnlichen Inventar. Sicherlich war er durch seinen Anstrich in der Wildnis unauffälliger, aber für die Zivilisation traf das genaue Gegenteil zu. Wir waren ein prädestiniertes Opfer für jede allgemeine Verkehrskontrolle. Ein Modellbeispiel für jeden kleinen Polizeischüler: ‚Seht! So sieht ein Fahrzeug von Konsumenten sogenannter Naturdrogen aus!'

Und auch wenn keiner von uns beiden auf die Idee käme, irgendwie beeumelt Auto zu fahren, so waren solche Gelegenheiten doch immer irgendwie unangenehm. Die Handvoll Narrenkraut, die wir im Zeichen der Schildkröte erhalten hatten, würden wir angemessen zu verstecken wissen. Bis zum Meer. Doch welche unglaubliche Rolle sie auf unserer Bärensuche noch spielen sollte, hätten sich weder wir noch Frenki je träumen lassen ...

V.

Bruno Problembär, Schrecken der Alpen

»*Es wäre besser gewesen, der Bär hätte sich vernünftig verhalten und eingegliedert.*«
Franz Emde, Sprecher des Bundesamtes für Naturschutz in Bonn

Bald schwitzten wir auf dem heißen Fließband aus Blech und Asphalt. Träge LKW vor und hinter uns in der langen Karawane, das grüne WoMo wie ein Fremdkörper irgendwie dazwischen reingequetscht. Das Dröhnen, Heulen und Wummern lullte uns ein. Während Mo mit großen Augen hinterm Steuer saß, döste ich auf dem Beifahrersitz vor mich hin. Stuttgart, Ulm, Augsburg. – Ein für mich schwer zu ertragendes Abrattern von Kilometern. Zum Glück fuhr mein Freund lieber Auto als ich, ansonsten hätten wir wahrscheinlich drei Tage für die Reise in die Alpen gebraucht.

Dann kam München. Fürchterliche Feierabendhektik, dreimal falsch abgebogen und dann fast die Kollision mit einem Milch-LKW. Nichts geht über Bärenmarke! Nur mit Müh und Not fanden wir auf der anderen Seite des Ameisenhaufens wieder heraus. Der hinter der flimmernden Luft kühl ruhende Horizont hielt uns auf Kurs. Unbeeindruckt standen die Alpengipfel, erhaben über das wirre Gewusel zu ihren Füßen.

Als wir ins Alpenvorland kamen, zogen dunkle Wolken auf. Der Himmel wurde grau, die Landschaft irgendwie irisch grün. Hügel wurden zu Bergen und Tropfen wurden zu Regen, der sich immer mehr steigerte. Er verdichtete sich zu Bindfäden, die zu kurzlebigen Rinnsalen auf unserer Windschutzscheibe wurden, ehe sie der eine noch funktionsfähige Scheibenwischer gleichgültig auf die Straße fegte. Auf meinem Schoß lag ein Blatt Papier, welches ich mir vor Reisebeginn ausgedruckt hatte. Es war die Chronik einer irrwitzigen Hexenjagd:

Der seit mehreren Wochen im bayerisch-österreichischen Grenzgebiet umherstreunende Braunbär »Bruno« ist tot.
Nach dpa-Informationen wurde das Tier in der Nacht zu Montag in der Nähe des Spitzingseegebiets im bayerischen Landkreis Miesbach erschossen.

München. Mehrere Wochen lang war Braunbär Bruno, der nach Vater »Jose« und Mutter »Jurka« offiziell »JJ1« hieß, im deutsch-österreichischen Grenzgebiet unterwegs. Er riss Schafe und plünderte Bienenstöcke und Kaninchenställe.

17. Mai: Erste Sichtung des Braunbären nahe der deutschen Grenze.

18. Mai: »Der Bär ist in Bayern willkommen«, erklärt der bayerische Umweltminister Werner Schnappauf.

20. Mai: Der erste wilde Bär nach 170 Jahren erreicht Deutschland. Bei Garmisch-Partenkirchen reißt er drei Schafe.

22. Mai: In der Nähe von Wohnhäusern tötet der Braunbär in Grainau diverses Geflügel und reißt zwei Schafe. Das bayerische Umweltministerium erklärt: »Der Bär ist zu einem Problembären geworden.« Das Tier wird zum Abschuss freigegeben. Tierschützer sind empört und protestieren.

23. Mai: Der Münchner Ordinariatssprecher Winfried Röhmel teilt mit: »Der Papst hat mit der Aufnahme des Bären in sein Wappen das Heimatrecht des Bären in Bayern neu bekräftigt.«

27. Mai: Der Bär vernascht einen Bienenstock im Zillertal.

1. Juni: Bayern will mit Hilfe finnischer Bärenhunde den Streuner aufspüren.
Das Tier soll nur im Notfall abgeschossen werden.

6. Juni: Der Bär wird fast überall Bruno genannt. Er plündert in Tirol einen Kaninchenstall. Jugendliche sehen ihn auf einer Straße vom österreichischen Scharnitz nach Leutasch spazieren.

7. Juni: Die Umweltstiftung WWF stellt eine original amerikanische Röhrenfalle auf, die auch
mit einem Hubschrauber transportiert werden kann.

9. Juni: Ein Spaziergänger im Bezirk Imst beobachtet, wie Bruno einem Wildhasen den Kopf abbeißt.

14. Juni: Am Sylvensteinspeicher bei Lenggries streift ein Auto den Bären – der verschwindet.

15. Juni: Bei Lenggries wird Bruno von einem der finnischen Elchhunde gestellt. Er entwischt, nachdem er ein Schaf gerissen hat. Zuvor hat er die Bewohner zweier einsam gelegener Berghütten erschreckt.

17. Juni: Bruno marschiert durch Kochel am See, wird von einem Spaziergänger beobachtet und sitzt kurz vor der Polizeiwache. Mitten im Ort bricht er einen Kaninchenstall und einen Bienenstock auf. Ein Platzregen verhindert, dass die angerückten Jäger die Spur aufnehmen können.

21. Juni: Bruno rennt in Österreich durch Maurach am Achensee. An einer Klamm bei Brandenberg wird er von den Jägern lokalisiert, kann aber in einem plötzlichen Unwetter erneut entkommen.

22. Juni: Elchhund »Jeppe« gilt vorübergehend als vermisst, weil sein Ortungssender zwischen den Felsen verrücktspielt. Er folgt Bruno die Nacht hindurch, ist aber am Morgen wieder beim Team.

23. Juni: Bayern erteilt eine vom 27. Juni an geltende Abschussgenehmigung. Der Tierschutzbund protestiert.

24. Juni: Das finnische Bärenfangteam reist ab. Auch Tirol erteilt eine Abschussgenehmigung, die vom 26. Juni an gelten soll. Der Bär begegnet Radfahrern und wird von ihnen beobachtet, wie er durch den oberbayerischen Soinsee schwimmt. Wanderer folgen ihm beim Aufstieg ins Rotwandgebiet, verschwinden aber schnell, als Bruno sich umdreht.

26. Juni: Bruno ist tot. Er wird in der Nacht in der Nähe des Spitzingseegebiets von Jägern erschossen.
(Von dpa/sv)

Ich sah durchs Fenster. Der Morgennebel lag über dem Spitzingsee. Ein Rabe saß auf einem verwitterten Pfosten und krächzte durch die Stille. Der strömende Regen war vorbei. Die Sonne wühlte sich geduldig durch die Wolken. Um den See schimmerten die Berghänge mit ihren Wäldern und Wiesen in sämtlichen Grüntönen. Hier und da lag der weiße Fleck eines Bauernhofes lose dazwischen gestreut. Eine Kulisse wie in der Milchwerbung, nur die Kühe konnte ich nicht entdecken.

Das einzige Fahrzeug auf dem großen Parkplatz war der grüne Bus mit dem roten Dreieck auf der rostigen Schnauze. Mo schlief noch tief und fest, während ich leise ausstieg. Dana und Wolfi rumpelten hinterher und rasten ausgelassen durch die Pfützen.

Während ich im hohen Bogen in den See strullerte, schweiften meine Augen über die weißblaue Bergidylle und suchten auf den grünen Matten nach einem braunen Fleck. Irgendwo da oben war Bruno erschossen worden.

»Wild urinieren ist hier verboten!«

Erschrocken fuhr ich herum und pinkelte dem Mann mit der orangefarbenen Sicherheitsweste fast auf die Füße.

»Haben sie ein Parkticket?« fragte mich der Mann missmutig, während er abschätzend auf mein bestes Stück blickte.

»Nein, natürlich nicht.« sagte ich und verstaute es eiligst.

»Wir sind erst in der Nacht hier angekommen.«

»Dann dürfen sie jetzt gleich eines nachlösen!«

Ich griff in meine Hosentasche und gab dem Stoppelbart, der mürrisch unter seiner schwarzen Schildkappe hervorglotzte, was er begehrte. Er verschwand mit den Münzen in seiner Bretterbude, um kurz darauf mit dem Ticket und etwas besserer Laune zurückzukommen.

»Wollen sie einen Kaffee?« fragte ich ihn. »Ich habe alles an Bord.«

»Nein Danke. Ich habe ebenfalls alle Zutaten in meiner Bude.«

»Kann ich dann vielleicht einen Kaffee haben?« fragte ich ihn, worauf er einen Moment stutzte. Wollte der Saupreiß ihn veräppeln? Ich lächelte unschuldig. Sein linker Mundwinkel schien einen halben Millimeter nach oben zu zucken.

»Mit Milch und Zucker?« fragte er.

»Nur Milch. Danke. Und einen Keks, falls sie einen haben.«

Er hatte zwar keinen Keks, aber das Eis war angebrochen. Gut so, denn ich brauchte Informationen im Fall Bruno Bär.

»Wollen sie hier wandern gehen?« fragte er mich musternd.

»Nein, ich bin mit meinem Freund zusammen unterwegs auf

Bärenspuren. Und unsere erste Station ist hier, wo der Bruno gestorben ist.«

Er schüttelte den Kopf.

»Sie sind wohl auch so ein verrückter Naturfreak?«

»Keine Ahnung. Vielleicht. Das wird sich noch zeigen.«

»Was hier damals los war ... Unfassbar.«

Er kratzte sich am Kinn und sah zu einem der Berge hinauf.

»Was war denn hier los?« fragte ich zwischen zwei Schluck Kaffee.

»Der Wahnsinn war los. Man hätte meinen können, hier wäre ein Ufo gelandet. Ein Riesenspektakel. Durchgeknallte Tierschützer, finnische Bärenjäger, Presse mit Hubschraubern, Polizei, ... Die hätten den Bären einfach in Ruhe lassen sollen, fertig.«

»Sie waren also auf der Seite der Tierschützer?« bohrte ich nach.

»Ich war auf keiner Seite. Die waren doch alle irre! Einige dieser ‚Tierfreunde' sind mit Bärenkostümen durch die Berge gestrolcht, im Glauben, damit die Jäger irritieren zu können. Nach dem Abschuss von Bruno beschmierten Chaoten nachts mein Parkplatzhäuschen mit Rache für Bruno!«

»Ernsthaft?«

Ich kicherte kurz, er aber fand das gar nicht lustig.

»Ich hatte Angst! Es gab sogar Morddrohungen gegen offizielle Personen. Deswegen hat man auch die Identität der Schützen geheim gehalten. «

»Die Schützen waren Jäger?«

»Nein. Das waren keine Jäger. Der Jagdverband hat sich distanziert. Das waren Polizisten in Zivil. Die haben ihn erst angefüttert und dann abgeknallt. Aber auch das nur hinter vorgehaltener Hand.«

Ich spürte meinen Zorn auf den pseudovernünftigen, deutschen Sicherheitswahn aufkommen und es blubberte nur so aus mir heraus:

»Es ist doch echt traurig und verrückt, dass ein umherirrender Bär verfolgt wird, als wäre er ein Topterrorist! Klar kann ein Bär unter sehr ungünstigen Umständen gefährlich werden. Aber das kann ein Wildschwein doch auch, und von denen gibt es hunderttausende in

Deutschland. Gottseidank ist noch niemand auf den Gedanken gekommen, sie deswegen auszurotten!«

Der Parkplatzmann trank seinen Kaffee, schaute dabei auf die Berge und wirkte so, als hätte er das alles schon viel zu oft gehört. War mir egal. Ich lief gerade erst warm.

»Jedes Jahr an Silvester sterben mehrere Menschen durch Böller. Eine unnötigere Todesursache gibt es ja wohl kaum! Trotzdem ist noch niemand auf die Idee gekommen, Böller zu verbieten. Jeden Tag sterben Menschen bei Verkehrsunfällen auf unseren Straßen. Warum schaffen wir nicht die Autos ab?«

Er schaute von den Bergen herab auf seine Uhr. Ich aber steigerte mich in einen vom Kaffee geputschten Redeschwall rein, bei dem ich heftig am Wahnsinn der Normalität zu rütteln glaubte.

»Ich habe gelesen, dass allein in Deutschland jährlich hunderttausend Menschen an den Folgen von Umweltbelastungen sterben. Krebs, Herz- Kreislauferkrankungen und diese ganzen Mode-Todesursachen. Das nimmt man willenlos hin. Aber wehe, Mutter Natur zieht einem Bürger in Form einer Bärenpranke eins über die Rübe! Da erhält die gesamte Spezies Einreiseverbot. Keine Aufenthaltsgenehmigung für Bären. Die sind viel zu unzivilisiert!«

So. Gespannt wartete ich auf seine Reaktion. Er zog sich die Kappe etwas tiefer ins Gesicht und zündete sich eine Zigarette an. Sonst nichts. Also laberte ich weiter.

»Leben ist lebensgefährlich! Es können doch nicht alle im Bett dahinsiechen! Aber es könnten sich alle viel lebendiger fühlen, wenn sie im großen Respekt vor Mutter Natur und dem mächtigsten Tier, das sie in diesen Teil der Welt geboren hat, durch die Wälder wandern. Hier sind Berge, Wälder, Flüsse. Es gibt Nahrung und Rückzugsmöglichkeiten. Hier ist doch ein hervorragendes Bärenbiotop!«

Soweit mein kleines sozialkritisches Bärenplädoyer, welches dem bierruhigen Bayern kein ‚Oh‘ und kein ‚Ach‘ abverlangte. Kurz kam ich mir doof vor. Doch nach einer halben Minute quälender Stille hatte er Erbarmen:

Holy Bearshit

»Gewiss könnten die Bären in diesen Bergen leben. Aber die Menschen hier sind nicht bereit für sie. Sie können nicht mit Wildnis umgehen. Nicht mehr. Sie haben Angst. Wenn wir durch unsere aufgeräumten Wälder gehen, dann sehen wir, mit etwas Glück, vielleicht einmal ein Reh oder ein Eichhörnchen. Das einzige Geschöpf, welches uns beim Sonntagsspaziergang ein einigermaßen mulmiges Gefühl bereitet, ist die im Unterholz lauernde, borrelienverseuchte Zecke oder der Exhibitionist in seinem Gummimantel. Bären? Ach was. Die gibt es in Alaska, Kanada oder Sibirien. Irgendwo, an irgendeinem wunderschönen Arsch der Welt. Dort wo es genug Platz und Nahrung im Überfluss gibt. Von wo aus sie dann, vom wagemutigen Tierforscher hautnah gefilmt, hoch definiert in unsere Wohnzimmer flimmern. Wir können ihnen direkt in die Augen blicken – von der Couch aus!«

»Aber sie nicht mehr in die unseren ...« fügte ich leise hinzu.

»Wir können sie gefahrlos betrachten und alles über sie erzählt bekommen, aber wir können sie nicht mehr erleben. Das ist vorbei.«

Der Rabe erhob sich von seinem Pfosten und flog krächzend über den See. Ich kippte den letzten Schluck Kaffee hinunter.

»Die Zeiten ändern sich und die Menschen auch!«

Mit diesen Worten streute ich eine kleine Brise Hoffnung auf den schmutzigen Parkplatz. Dann bedankte ich mich bei dem Parkplatzmann für den Kaffee plus Gespräch und ging zurück zum Bus. Dana saß bereits wie eine Eins auf dem Beifahrersitz. Es zog mich weiter. Was sollte ich hier durch leere Berge stiefeln? Hier gab es keine Bären. Nicht mehr und noch nicht wieder. Vielleicht nie wieder und vielleicht doch.

»Versuch es mal ein paar Berge weiter drüben! In Österreich sollen welche unterwegs sein!« rief mir der Mann mit der Sicherheitsweste noch nach, als ich durch die Pfützen vom Parkplatz holperte, so dass mehrere Bücher aus dem Regal auf Wolfi fielen, der erschrocken auf Mo sprang.

»Sirius, was ist hier eigentlich los?«

»Jedenfalls nicht der Bär. Nicht hier. Aber vielleicht da drüben!«
Und so fuhren wir Richtung Osten, nach Österreich. Ein Land, welches fast nur aus Bergen besteht, musste einfach Bären haben, das konnte gar nicht anders sein. Als ich in Miesbach noch einmal kurz an der Bäckerei stoppte, um ein paar Semmeln einzuladen, entdeckte ich im Schaufenster eines Touri-Kitschladens eine flauschige, etwa handgroße Bärenattrappe. Kitschig oder nicht: Ich musste sie einfach haben und kurz darauf saß sie auf dem Armaturenbrett und glotzte aufgeregt durch die Windschutzscheibe.

»So, du kleiner Möchtegern-Bruno, wir fahren mit dir jetzt soweit, bis wir deine leibhaftigen Artgenossen gefunden haben!«

VI.

Big Foot will das Handtuch werfen

Wir verließen die bärenlose Bärenmarke-Kulisse und fädelten uns erneut in der langen Schnur der LKW ein. Vor der Grenze wollten wir noch einmal unsere Kunst auf die Straße werfen. Rosenheim. Der Name klang liebenswürdig, blumig und heimelig. Sicher eine Stadt voller reicher und großherziger Menschen, wo mehr als bloß Narrenkraut zu holen war. Wir fanden auch gleich einen super Stellplatz für den Bus direkt am Park, wo Dana und Wolfi erst einmal ausgelassen über die Wiese tollen konnten.
»Macht's eire Köter an die Leine!« rief uns der erste freundliche Rosenheimer entgegen.
Im nächsten Moment spürte ich einen brennenden Schmerz im Zeh. Ich fiel auf den Hintern und sah die Biene am ersten Zeh neben dem großen Onkel meines rechten Fußes hängen. Während Mohammad Dana und Wolfi sicherstellte, schüttelte ich das Tierchen ab und nuckelte so gut ich konnte an meinem Fuß herum, um das Gift auszusaugen.
Kann passieren, wenn man barfuß unterwegs ist. Doch dafür spürt man auch das weiche Gras, den kühlen Schlamm und überhaupt die vielen Facetten von der guten, alten Erde. Es durchzuckt einen, wenn man auf einen spitzen Stein tritt. Mal wird es kalt, mal wird es heiß.

Alles in allem ist es die wohl umfassendste Fußreflexzonenmassage, die man kriegen kann. Gratis. In meinem Falle war heute mit nur einem einzigen Pieks gleich alles bedient. Doch ein pfälzer Indianer auf Bärenjagd kennt keinen Schmerz. Die Gitarre geschultert wanderte ich noch zwei Kilometer weiter über den heißen Asphalt bis ins Zentrum. Den Bienenstich spürte ich bald gar nicht mehr.

Beinahe golden glänzte das Pflaster der schmucken Altstadt. Ein gutes Zeichen. Doch wir waren nicht die einzigen Angler. Schon von weitem hörten wir eine fröhliche Stimme, die über A-Moll und G-Dur-Akkorden ‚Halleluja' und ‚lang lebe Jesus Christus' sang. Bald sahen wir den Futterkonkurrenten. Ein älterer Herr mit der Aura eines evangelischen Religionslehrers, in viel zu breiten, kurzen Jeanshosen und einem kleinkarierten Hemd. Er stand in der besten Ecke und sang wie im Konfirmandenunterricht:

»Jesus ist mein Herr, folgt ihm und bitte sehr: Er schließt euch den Himmel auf, hilft euch lieb die Treppe rauf! Wir singen halleluja, halleluja, halleluja, Jesu Christ!«

Wir standen da und lauschten und grinsten, bis das letzte ‚Halleluja' verklungen war. Da wir freundliche Menschen sind, klatschten wir drei Mal in die Hände. Der Gottesbarde strahlte uns an und als könnte er unsere Gedanken lesen, sagte er:

»Meine lieben Freunde, wollt ihr auch musizieren und den Schöpfer preisen?«

»Naja, auf unsere Art schon.« antwortete ich.

»Dann kommet herüber und nehmt doch bitte schön meinen Platz ein!«

Eilig packte er seine Gitarre in den monströsen Koffer. Was war denn das für ein Schwall purer Nächstenliebe? Schon fast unheimlich, aber es war ihm ernst. Er drückte Mohammad sogar noch eine CD in die Hand. Auf dem selbstgebastelten Cover war er zu sehen, wie er in eben jenen Hosen in eben jener Ecke stand, mit der Gitarre um den Hals und frohlockendem Gesicht.

‚Walter singt: Jesus mein Licht, Halleluja!' hieß sie.

Wortkarg bedankten wir uns, woraufhin Walter wie eine Heiligenikone strahlte. Dann schloss er die Augen und sprach wie ein Seher:

»Was auch immer ihr sucht, denket an die Vögel des Himmels: Sie säen nicht, sie ernten nicht und der Herr ernährt sie doch. Fahret wohl!«

Dann hob er den schwarzen Riesenkoffer auf seinen schmalen Rücken und ging leicht gebeugt mit ihm davon.

»Wie Jesus einst unter seinem Kreuz auf dem Weg zum Golgota.« murmelte ich.

»Cooler Spruch, das mit den Vögeln«, fügte Mo hinzu.

Unter diesem Motto legten wir los mit unserer asymmetrischen Performance. Mit viel Spaß an der Freude und ohne große Erwartungen. Und siehe da: Es klingelte und hüpfte munter im Hut. Mit jedem gelandeten Euro wurde meine Stimme lauter und Mos Hände schneller. Wir spielten auf der Glücksstraße.

Eine geschlagene Viertelstunde lang, bis zwei Männer vor uns stehenblieben und uns interessiert bis aufdringlich musterten. Da steht der Hut und bitte kein Kupfer und kein Narrenkraut, dachte ich bei mir. Ruckartig griff der breitschultrige mit dem Soldatenkinn in die Tasche, wie ein Cowboy zum Colt. Heraus kam nichts Gutes. Er hielt uns einen auf wichtig polierten Ausweis vor die Nasen.

»Ordnungsamt Rosenheim. Haben Sie eine Genehmigung?« sagte im selben Moment der Schmächtling mit den drei Haaren über der Brille, als hätten sie ihre Performance einstudiert. Natürlich hatten wir keine. Aus Erfahrung wusste ich, dass es in jeder Stadt anders war. Hier brauchte man eine Genehmigung von der Stadtverwaltung und bekam eine Menge Auflagen (wann, wo, wie laut, …), anderswo war es vollkommen frei, solange man keine Anwohner nervte. Normalerweise gibt man seine Unwissenheit zu und zieht unbehelligt seiner Wege. Aber wir waren hier in Bayern und der Sheriff von Rosenheim forderte unsere Adressen. Da wir die Ausweise nicht bei uns hatten und er uns nicht einfach verhaften konnte, gab ich ihm irgendeine Anschrift der Sorte Daniel Düsentrieb, 56789 Entenhausen, die er

sich gewissenhaft notierte. Ein Sherlock Holmes war er nicht gerade. Dann packten wir ein.
Gerade erst waren die Stadtschergen um die nächste Ecke, da rief es hinter uns:
»Hey Burschen, kommt's mal hier herüber!«
Die Bierfahne des Mannes wehte ihm fünf Meter voraus. Sein roter Kopf bildete einen fulminanten Farbkontrast über dem weißen Anzug.
»Spielts ihr meim Freind a Liadl zum Geburtsdag?!«
Er drückte mir zwanzig Euro in die Hand und winkte uns, ihm in ein Café zu folgen.
So kamen wir doch noch zu einer halben Tankfüllung. Außerdem verputzen wir mit Unterstützung von Dana und Wolfi den Rest des Buffets. Ein sentimentales ‚Heute hier, morgen dort' zum Abschied brachte uns noch eine Extragage ein.
»Kahfts eisch was Schehns, Buam!«

Eine Stunde später saß Mohammad wieder hinterm Lenkrad, während ich in aller Ruhe meinem Fuß zusehen konnte, wie er immer dicker wurde. Er war rot, heiß und pulsierte. Mir wurde klar, dass ich durch den Gang in die Altstadt das Bienengift so richtig schön im ganzen Fuß verteilt hatte.
Als es bereits dunkel war, fuhren wir irgendwo hinter Salzburg von der Autobahn ab und suchten uns ein ruhiges Schlafplätzchen. Ich rollte noch schön meine geliebte Markise aus. Das gab mir ein Gefühl der Geborgenheit. Während Wolfgang, Mo und Dana bald selig schlummerten, wummerte mein Fuß wie ein Technobass und hielt mich wach. Dazu kam eine Fraktion Stechmücken, die hinterlistig um meinen Kopf surrten. Es war dieses wohlbekannte, psychisch zutiefst zermürbende Summen. Welchem Zweck es wohl diente? Die Mücke könnte doch sicherer stechen, wenn sie es leise täte. Und ich könnte besser schlafen. Vielleicht war es ja extra dafür da, dass der Mensch genervt ist, weil der Mücke

sein mit Stresshormonen angereichertes Blut besser schmeckte. Immer wieder schlug ich ins Dunkel, allerdings wenig erfolgreich. Im Halbschlaf verfing ich mich in wirren Träumen von einem riesigen Klumpfuß, den ich mit Hilfe meiner beiden Arme hinter mir herzog, verfolgt von einer Schar Blutsauger in der Uniform von Ordnungsbeamten. Das schreckliche Psychosummen begleitete mich träumend wie wachend. Beides klappte nicht wirklich.
Leise begannen Regentropfen aufs Dach zu klopfen. Innerhalb von einer Minute wurde daraus ein Trommelwirbel. Mein Fuß juckte fürchterlich. Mittlerweile war er schon auf die doppelte Größe angeschwollen! Und ich stellte fest, dass die Stechmücken es genau auf ihn abgesehen hatten. Wahrscheinlich weil er so überaus gut durchblutet war. Zu dem Bienenstich gesellten sich mehrere Mückenstiche und das multiplizierte sich gegenseitig. Warum nur hat der Schöpfer diese Kreaturen erschaffen? Ich erinnerte mich an die Indianersage, die ich in meinem schlauen Bärenbuch gelesen hatte:

Obwohl ihnen gesagt wurde, sie dürften den Bären nicht töten, weil er heilig sei, erlegten ihn zwei junge Krieger des Stammes vom großen See. Der große Geist Wakantanka war ziemlich angefressen deswegen. Er donnerte und blitzte wie ein Wahnsinniger und die beiden hatten ordentlich die Lendenschurze voll. Sie heulten und winselten um Vergebung, bis Wakantanka die Ohren bluteten. Da entschloss er sich, noch einmal sein drittes Auge zuzudrücken.
Er hieß die Krieger, den toten Bären zu verbrennen und seine Asche in den Wind zu streuen. Sie taten es. Die Asche flog im Wind davon und verwandelte sich in einen riesigen, sirrenden und summenden Schwarm von blutrünstigen Stechmücken. Fortan nahmen sie das Blut des Menschen für das Blut des Bären.

Es krachte laut und der ganze Bus ruckelte hin und her. Mo und die Hunde hoben erschrocken die Köpfe. Was war das? Bärenalarm? Konnte es schon soweit sein? Wir sprangen ans Fenster.
Im ersten Dämmerlicht sahen wir meine schöne Markise, wie sie

in sich selbst verdreht im Matsch lag. Ich hatte sie nicht fest genug aufgespannt. Das Wasser hatte sich auf ihr gesammelt, konnte nicht schnell genug ablaufen und die Aufhängungen waren unter dem Gewicht abgebrochen. Meine schöne, meine geliebte Markise! Sie war dahin. Deprimiert humpelte ich mit meinem Riesenfuß durch das Chaos. Da war nichts mehr zu flicken. Was für eine Nacht … Wir räumten auf und fuhren weiter. Ab jetzt ohne schöne Markise.

Die nächste Siedlung hieß Kuchl und ich brauchte ein zünftiges Frühstück. Irgendetwas Herzhaftes, was meine Moral wieder heben könnte. Hungrig durch die Windschutzscheibe lurrend fuhren wir durch die schmalen Straßen des Städtchens, bis Mo auffiel, dass etwas nicht stimmte.

»Sirius, irgendwas ist komisch.«

»Was ist los, Mo?«

»Immer, wenn ich in den Rückspiegel schaue, sehe ich winkende Fußgänger ...«

»Die finden halt unseren Bus cool.«

»Ja, würde ich normalerweise auch denken. Aber dann würden sie doch lachen, oder?«

»Zumindest lächeln. Tun sie das nicht?«

Ich riskierte einen Blick nach hinten und entdeckte einen alten Mann, der empört auf die Straße zeigte und sich gegen die Stirn schlug. Da war irgendeine Spur zu sehen, die wir hinter uns herzogen.

»Mo, du hast recht. Da ist was komisch.«

»Was tun?«

»Am besten erst einmal einfach weiterfahren, bis wir aus den engen Straßen raus sind, sonst kriegen wir noch Ärger. Dann sehen wir mal nach.«

Kurz darauf standen wir auf einem Supermarktparkplatz hinter dem Bus und sahen die Dieselspur, die stadteinwärts führte.

»Verdammt«, sagte Mo. »Wenn da jetzt einer stadteinwärts das Feuerzeug dranhält, fliegen wir in die Luft.«

»Mo, das ist Diesel und kein Benzin. Und das hier ist im besten Falle ein lustiges Roadmovie und sicher kein Action-Thriller.«

»Ich hatte mich auch schon gewundert, warum die Tankanzeige so schnell nach unten ging.«

»Aber warum hast du nichts gesagt?«

»Was soll ich da sagen?«

»Dass du dich wunderst, dass die Tankanzeige so schnell nach unten geht zum Beispiel!«

»Hilft ja jetzt alles nix.«

Er hatte recht. Half ja jetzt alles nichts.

»Was nun?«

Mo rieb sich seinen haarigen Waschbrettbauch.

»Erstmal was frühstücken!«

Während er im Supermarkt die Zutaten einkaufte, bekam ich im Bus die Vollkrise. Mein Fuß wuchs und wuchs, die Nacht war fürchterlich gewesen, die Markise auf immer verloren und unser Expeditionsfahrzeug war hinüber. Hinzu kamen immer mehr Kopfschmerzen und während mein ‚ich bin ja immer so optimistisch'-Reisekollege nur ans Frühstück dachte, war mir gehörig der Appetit vergangen. Es fing an zu regnen. Grau in Grau, alles. Ich brauchte dringend einen Beruhigungstee. Ich stellte den Topf unter den Wasserhahn und drückte den Schalter. Es kam kein Wasser, stattdessen roch es nach verschmortem Kabel. Wütend trat ich gegen den Küchenschrank, so dass sich der Hängeschrank über der Spüle öffnete und mir meine rote Blechtasse auf den Kopf fiel. Wenigstens keine aus Porzellan. Ich war vollends in so einem Moment angekommen, wo man entweder durchdreht oder in buddhistischer Gelassenheit weiteratmet und gleichmütig dem Leben vertraut. Ich hätte mich für ersteres entschieden, doch die angelegten Ohren meiner Schnuffels nahmen mir den Wind aus den Segeln. Dass sie auch immer alles auf sich beziehen müssen. Also kraulen statt maulen, massieren statt randalieren.

Mo kam zurück und aß schmatzend ein Marmeladenbrot nach dem anderen. Ignoranter Typ, ein bisschen mitleiden hätte ich schon erwartet. Sicher war die Einspritzpumpe hinüber. Der Supergau. Das würde die Reisekasse vollends sprengen. Außerdem müsste man für die alte Karre erst einmal eine auftreiben. Es war hoffnungslos. Mein Fuß war platt, ich war platt, das Auto war platt und wahrscheinlich war die ganze Bärenreise vorbei, ehe sie richtig begonnen hatte.

Einen Joker hatte ich noch: Das gelbe Kärtchen, welches ich mir kurz vor Reiseantritt hatte aufschwatzen lassen. Ich wusste, dass der ADAC auch Fahrzeugüberführungen übernahm. Irgendwie musste mein Wohnmobil, samt umfangreichem Inhalt, ja wieder nach Hause kommen. Ich rief an und klagte mein Elend.

Eine Stunde später schlug der Mechaniker die Motorhaube zu. Deprimiert saß ich auf meiner Treppe und erwartete die Hiobsbotschaft.

»Das Gehäuse vom Dieselfilter ist kaputt. Ich hab` jetzt einen Einwegfilter eingesetzt. Das hält für eine Weile. Macht dann zwölf Euro für das Teil.«

»Zwölf Euro?! Und alles ist wieder gut?«, schrie ich ihn an.

»Ob bei ihnen alles wieder gut ist, weiß ich nicht, sagte er zurückweichend und mit skeptischem Blick, aber das Auto fährt wieder ohne Spritverlust.« Ich drückte ihn an meine Brust, worüber er sehr erschrak. Dann gab ich ihm sogar fünfzehn Euro, sprach Worte des Segens und begann wieder an das Gute im Universum zu glauben. Der Mechaniker schüttelte nur den Kopf, wünschte uns, dass die Klapperkiste unterwegs nicht auseinanderfiele und raste davon. Erleichtert schauten wir ihm nach.

»Wir brauchen einen guten Namen für den Bus. Ich glaube, das macht ihn stärker«, sagte Mo.

»Ja. Nomen est Omen. Vorschläge?«

»Wie wäre es denn mit Super-Frog?«

»Klingt zwar grün, aber viel zu harmlos.«

»Okay, dann hab` ich noch einen: Crocodile-Crawler!«

»Originell, aber wir sind hier nicht auf Krokodilsjagd.«

So ging es eine Weile lang hin und her, bis wir den passenden Namen gefunden hatten. Von diesem Moment an fuhren wir kein nach

Campingplatzspießertum müffelndes ‚Wohnmobil' mehr, sondern einen abenteuerduftigen ‚Bearhunter'.
»Mo?«
»Sirius?«
»Mach dir noch ein Marmeladenbrot. Ich leg die Jesus-CD ein. Dann fahren wir in die Berge und vertreten uns ein wenig die Beine.«

VII.

Österreich, wo sind deine Bären hin?

»Die Berge waren immer da. Und in ihnen: Die Bären!«
Rick Bass

Drei Dinge hatten wir also auf unserem bisherigen Weg eingesammelt: eine Handvoll Narrenkraut für den guten Zweck, eine Jesuslieder-CD zur Transformation schlechter Laune und einen Plüsch-Bruno für die Hoffnung auf einen Bären.
    Um uns protzten nun die Berge, aufrecht und breitschultrig, unbestechlich und geduldig. Weg von den Straßen. Rein in die Wildnis. Ich hielt meinen Klumpfuß in dunkelkühles Wasser. Mir schien, das Wasser würde dampfen, als die Hitze aus meinem Fuß entwich. Doch war es nur der leichte Nebel, durch den die Stockentenmama schwamm. Wie an einer Perlenschnur zog sie ihre Kleinen hinter sich her. Flankiert von feuchtschimmernden Felswänden spazierten wir durch das Tal, bis wir zu einem einsamen Wirtshaus kamen. Auf die knallgelbe Fassade war ein Bild von zwei wild raufenden Bären gezeichnet.
    ‚Bärenhof' las ich über dem Eingang.
    »Volltreffer! Scheint, dass wir auf der richtigen Spur sind«, grinste Mo und öffnete die Tür.

Fast erschrocken blickte die rustikale Wirtsfrau auf. Gäste schienen hier selten zu sein. Ich wollte nicht lange drumherum reden.

»Zwei Kaffee mit Milch und je einen Keks, bitte. Und sagen Sie mal: Gibt es hier denn eigentlich auch Bären?«

»Bären?« sagte sie misstrauisch.

»Noa, Bären hamma koane mehr. Scho lang net mehr! Zu g'fährlich für de Mensch und fürs Vieh. Da is netta g'nug Platz für soa Viecher.«

Kein Platz in diesem Gewimmel von Bergen mit kaum zugänglichen Ecken und Winkeln?! Wir hatten nicht nach King Kong oder Godzilla gefragt, sondern lediglich nach zirka zwei Meter langen europäischen Braunbären. Die Wirtin widmete sich der Kaffeezubereitung und ließ uns spüren, dass sie nicht an einer Vertiefung des Gesprächs interessiert war.

Keine zehn Minuten später machten wir uns wieder auf in die dunstdurchzogene Bergwelt. Eine kleine Holzbrücke half uns über einen schnell dahinplätschernden Fluss, aus dem riesige, weiße Steine wuchsen. Sturmestreu standen die Tannen ihm zur Seite, ließen ihre dunklen Wipfel ins Graue wachsen. Wir folgten dem Strom aufwärts. Satt gelb blühte die Arnika, wie viele kleine Sonnen, die von der Erde zum Himmel schienen. Ich schaute auf und genau in jenem Moment brach die große Sonne die graue Decke entzwei, teilte sie zu fliehenden Wolken. Ein schöneres Gelb wie das der Arnika im Sonnenlicht kann es kaum geben.

Wir waren noch nicht weit gegangen, aber fühlten uns schon ganz tief in einer anderen Wirklichkeit. Einer Parallelwelt, die nichts wusste von Autobahnen und Betonwüsten. Eine reine, eine klare Erde, die wir mit gierigen Blicken in unsere Seele leuchten ließen; die wir atmeten und die wir mit dürstenden Kehlen aus dem Fluss tranken.

Wir kraxelten einen steilen Felsen hinauf, überquerten auf dem Hintern rutschend einen schmalen Grat und kamen so zu einem erhabenen Aussichtspunkt. Von dort konnten wir sehen, wie sich drei flinke Bäche zu einem vereinigten, der sich etwas tiefer als rauschender Wasserfall in den Fluss ergoss. Berge über Berge, dazwischen ihre Täler. Ein munter pulsierender, vielschichtiger Lebensraum. Und hier sollte es keine Bären geben? So ein Quatsch! Das konnte doch gar nicht sein. Das durfte einfach nicht sein! Wenn ich in diesen Wald mit dem üppigen Unterwuchs blickte, so erwartete ich jeden Moment, dass ein Bär aus dem Dunkelgrün ans Flussufer trat. So selbstverständlich, wie ein Löwenzahn in einem Vorgarten blüht.

Wunschdenken. Stattdessen tauchte hinter der nächsten Biegung eine Gruppe orangefarbener Männchen auf. Die Wanderer in ihrer Funktionskleidung wirkten wie deplatzierte Fremdkörper in diesem farblich so exzellent abgestimmten Naturgemälde. Wie schräge Töne, die in eine perfekt inszenierte Ursymphonie pfiffen, schrill und taktlos. Lauthals palaverten sie und bekamen scheinbar wenig mit von der Musik aus Flussrauschen, Vogelsang und dem Wind in den Wipfeln, der auf sanfter Flöte blies.

Mit feuchten Augen saßen Mo und ich auf dem Felsen und auch Dana und Wolfgang machten den Eindruck, als wären sie tief in ihrer Hundeseele ergriffen von der Urpracht des Gebirges. Vielleicht spürten sie ihr wildes Hundeselbst, welches zweifelsohne um ein Vielfaches näher dem Gesetz des Lebens war, als unser eingebildetes Menschsein des 21. Jahrhunderts.

Wir hätten dort oben sitzenbleiben können, bis der Mond aufging. Aber der Ruf der Straße plus das hungrige Murren unserer Mägen trieb uns zurück auf die andere Seite der Wirklichkeit. Noch einmal suchten wir das Wirtshaus auf. Ich hatte noch etwas mitzuteilen.

»Also, wir haben uns ihre Berge hier einmal genau angesehen. Dabei haben wir festgestellt, dass da richtig viel Platz wäre, für richtig viele Bären!«

Die Wirtin schüttelte den Kopf und polierte weiter ihre Gläser. Ein uralter, bis dahin völlig regloser Barhocker drehte sich zu uns um.

»Woas sucht's ihr Spinnerten, Bären?«

Sein graubärtiges Gesicht schien über keinen Mund zu verfügen, dennoch kamen Worte aus dem Gewirr von Haaren. »Foahrt's in die Kalkalpen. Nationalpoark. Da hoat's Bären. Die kennen eisch dann groad auffressen von mir aus, ihr Spinnerten.« Kaum hatte er das gesagt, erstarrte er auch schon wieder. Das hörte sich gut an. Kalkalpen. Nationalpark. Bären. Auffressen. Yes!

Im Bearhunter kochten wir uns den berühmten Sirius Nudel-Gemüse-mit-viel-Sahne-Eintopf und fühlten uns zum ersten Mal seit Reisebeginn so richtig in, beziehungsweise auf der Spur. Mo gelang es sogar, den Wasserhahn wieder hinzufriemeln. Die Berge hatten uns Kraft und Energie im Überfluss gespendet und so starteten wir noch mal den Motor, um in die Nacht hinein Richtung Kalkalpen aufzubrechen.

Wir sangen unsere Lieder und fuhren, bis uns die Köpfe schwer wurden. Dann nahmen wir die nächstbeste Ausfahrt und parkten zwischen zwei pompösen Luxuswohnmobilen. Kreuzfahrtschiffe der Autobahn. Wahrscheinlich hatten sie sogar eine eigene kleine Bar in ihrem Inneren, mit Billardtisch und Darts-Automat, inklusive festangestelltem Barkeeper. Außerdem einen stets auf 28 Grad temperierten Swimmingpool und mindestens fünf Fernseher. Als wir aus unserem Zigeunerkarren ausstiegen, wurden sofort die voll automatischen Treppchen hochgefahren. Dana und Wolfi rannten wild bellend eine Hunderunde um die Luxusliner. Als Wolfi dann sein zotteliges Beinchen hob, um die silbern schimmernde Aluminiumfelge unseres Parkplatz-Nachbarn in einen goldenen Regen zu tauchen, fürchtete ich, dass gleich die Alarmanlage losgehen und der hauseigene Sicherheitsbeauftragte aus dem Dachfenster springen würde.

Auch meine Blase drückte, jedoch sprach mich der rauschende Bergfluss mehr an als der Reifen des Campers. Dabei stellte ich fest, dass seine steilen Ufer komplett mit aufrechtstehenden, regenschirmgroßen Blättern bedeckt waren. Pestwurz! Genau das Richtige für meinen immer noch recht monumentalen Fuß. Als Kräuterheini wusste ich, dass man ihre riesigen Blätter als kühlende Auflage für Wunden und Schwellungen nutzen konnte. Ihr Name kommt daher, weil die Pestkranken des Mittelalters ihre schmerzenden und eiternden Beulen mit den Blättern umhüllt hatten. Das Gleiche tat ich nun mit meinem Big Foot. Mit roter Schnur wickelte ich das Blatt um ihn, so dass er bald aussah wie eine riesige Kohlroulade. Vorher hatte ich noch etwas von der bitter schmeckenden Blattmasse durchgekaut, gut eingespeichelt und so einen feinen grünen Brei zum Auftragen erhalten.

Zufrieden schwang ich mich in mein Hochbett, während Mo und Wolli Arm in Arm auf der Bank lagen. Dana pflegte auf dem Fahrersitz zu übernachten und schnarchte bereits allerliebst. Die Packung und der Umschlag taten gut und hielten nebenbei auch die Stechmücken von ihrem blutigen Handwerk ab. Mit großer Vorfreude dachte ich an morgen. Kalkalpen. Nationalpark. Bären.

VIII.

Ich in echter, original Lebensgefahr

Im Besucherzentrum des Nationalparks Kalkalpen konnte ich einiges über die traurige Geschichte der Bären Österreichs erfahren. Die Menschen hatten sie systematisch ausgerottet. Sie waren gejagt, erschossen, vergiftet und mit Fußeisen gefangen worden. Kopfgelder für tote Bären. Wolf und Luchs war es nicht besser ergangen. Ich konnte es kaum glauben. In dieser weitläufigen, schwer zugänglichen Bergwelt hatten die Menschen es tatsächlich fertiggebracht, diese Arten vollständig auszulöschen. Aber welche Art hat das Recht, egal aus welchem Grund, eine andere auszurotten? Es gibt nur eine einzige, die das überhaupt je zu Stande gebracht hat: die Unsere.

Hinter dem Empfangstresen saß ein Ranger, der in seiner beigen Uniform gähnend die Sportnachrichten las.
»Guten Tag! Wir studieren Landschaftsökologie an der Universität Bärenbach und führen eine Studie über das Ausbreitungsverhalten von Ursus arctos in der mitteleuropäischen Kulturlandschaft durch.« Mo sah mich mit drei Fragezeichen über dem Kopf an. Aber er schnallte gleich, dass wir so vielleicht mehr Informationen bekommen könnten, als wenn ich ihm von dem Bilderbuch unter meinem Bett erzählen würde.

Der Mann senkte die Zeitung ein wenig. Ein grauer Schnauzbart kam zum Vorschein.

»Bären? Da seid ihr ein bisschen zu spät. Die sind wieder aus.«

Mo und ich warfen uns einen fragenden Blick zu. Wieder aus? Was sollte das heißen?

»Aber man hat uns gesagt, dass es hier Bären gäbe ...«

Etwas widerwillig legte er seine Lektüre auf den Schreibtisch. »Es hat in Österreich ein Wiederansiedlungsprojekt gegeben und es lief zunächst auch recht gut. Insgesamt 35 Bären zogen durch unsere Berge. Aber nach und nach verschwanden sie auf rätselhafte Weise.«

Ich runzelte meine Stirn. »Wie und wohin sind sie verschwunden?«

»Sie wurden hochwahrscheinlich nicht von einem Ufo entführt. Den Rest können Sie sich denken.«

Wir konnten es kaum fassen. Die Ösis hatten es offenbar tatsächlich fertiggebracht, den Bären zweimal hintereinander auszurotten!

»Gibt es denn wirklich in diesem ganzen Bergland keinen einzigen Bären mehr?«

Er sah uns lange an und musterte uns gründlich, so dass es mir schon unangenehm wurde. Dann öffnete er die Schublade seines Schreibtisches, holte ein Foto heraus und legte es vor uns auf den Tresen. Es zeigte einen Forstweg und einen dicken, braunen Hintern, der im Begriff war, eiligst im Unterholz zu verschwinden.

»Das ist das letzte Lebenszeichen von dem Bären Moritz. Das Foto ist über ein Jahr alt und hier im Nationalpark geschossen worden. Mehr kann ich euch nicht anbieten.«

Ich nahm das Bild an mich und der Ranger las weiter Sportnachrichten. Natürlich war es absolut unwahrscheinlich und sehr naiv zu glauben, Moritz zufällig beim Himbeerpflücken anzutreffen. Aber eine griechische Schildkröte auf einer rheinhessischen Landstraße war es auch. Ich war fest entschlossen nach diesem knackigen, braunen Riesenarsch Ausschau zu halten. Der Bearhunter transportierte uns noch zwei Etagen höher, dann parkten wir und bereiteten uns auf den Marsch vor. Wir kamen überein, getrennte Wege zu gehen. Die unwahrscheinliche Wahrscheinlichkeit Moritz zu treffen würde sich zumindest verdoppeln. Außerdem war es gut für unsere Beziehung.

Alone into the wild! Natürlich nicht ganz: Wolfgang und Dana würden mich begleiten. Ich sang mit meiner rauesten Stimme einen Song aus dem grandiosen Eddie Vedder Album und fühlte mich dabei richtig dramatisch. Taschenmesser, Schlafsack und Essen waren im Rucksack. Immer griffbereit die Fotokamera am Gürtel. Wie würde der Sportnachrichten-Ranger doch staunen, wenn ich ihm eine Frontalansicht von Moritz unter die Nase hielte.

Es roch rundum bergig. Frisch, würzig und gesund, ursprünglich und taufrisch. Bester Laune stieg ich einen steilen Waldhang hinauf, bis ich zu einem Wiesengrundstück kam. Ich öffnete ein Törchen, worauf ein Schild genagelt war.

‚Hunde sind anzuleinen!'

Ja, aber meine Hunde sind ja brav! Und während ich dem idyllischen Bild der grasenden Schafsherde frönte, teilte sie sich plötzlich, wie das Meer vor Moses und ein graues Untier stob durch die Gasse. Es sah ähnlich aus wie Wolfi, der dicht hinter mir war. Doch als ich ihm lobend den Kopf tätscheln wollte, stand da nur eine altersweise Dana, die mich auf hündische Art süffisant anlächelte.

»Dieser Hundesohn!«

Brüllend stürzte ich mich ins Getümmel. Zu allem Überfluss kam ein Traktor über die Kuppe getuckert. Darauf, mit zornesrotem Kopf und bebenden Busen, eine Bäuerin. Bedrohlich wippten die riesigen Brüste auf und ab und böse Worte schossen aus ihrem breiten Schlund. Auch Wolfi muss sich wohl gefürchtet haben, denn er ließ von den Schafen ab und stellte sich reumütig hinter mich. Ich machte ein paar entschuldigende Bücklinge und sah zu, dass ich Land gewann.

Es wurde ein herrlicher Wandertag. Ein blau schillernder Alpenbockkäfer und ein pechschwarzer Alpensalamander. Blauer Enzian, gelber Bergwohlverleih. Gurgelnde Bäche, wildromantische Aussichten, reißende Schluchten und weitere, wundervolle Heimatfilmklischees wurden mir zuteil. Der Bär allerdings war nicht dabei.

Gegen Abend kamen wir an einen lauten Fluss. ‚Triftsteig' las ich auf einem Schild. Es verwies auf einen Pfad entlang des Wildwassers, ein paar Meter oberhalb seines aus großen, grauen Steinen bestehenden Bettes. Das hörte sich gut an. Den nehmen wir.

‚Achtung Klettersteig' stand klein daruntergeschrieben.

Klettersteig? Vielleicht für Rollstuhlfahrer. Bisweilen ging es zwar rechts des Weges halsbrecherisch tief hinunter zum Fluss, während auf der anderen Seite der Hang steil anstieg, aber die Trittspur dazwischen war für Mensch und Hund ein Spaziergang.

Leichtfüßig ging es voran, bis der Pfad plötzlich einfach aufhörte. Da war nur noch schroffer Fels, der sich aus dem Hang herausdrückte. Daran befestigt ein Drahtseil, zum Festhalten beim Drübersteigen. Hielt man sich nicht fest genug, so warteten einige Meter tiefer das tosende Wasser und die Steine, die drohend aus ihm hervorragten.

Das hier war nichts, rein gar nichts für einen Reinhold Messner. Der würde bei minus dreiunddreißig Grad nackt und blind, mit zusammengebundenen Händen, einen Almdudler trinkend, darüber hinwegschweben. Selbst für mich, wo ich schon leichten Schwindel spüre, wenn ich Höhen nur von unten sehe, war das noch vertretbar. Aber was war mit meinen Vierbeinern? Denen fehlten ja die Hände zum Festhalten. Dafür hatten sie zwei Füße mehr, die sie irgendwo hinstellen mussten.

Während ich noch darüber nachsann, lief Dana einfach los. Sie war ein Hund der Tat. Wie ein Bergzicklein meisterte sie elegant und furchtlos die halbe Strecke. Doch dann blieb sie stehen, die Flanke dicht an den Fels gepresst. Kein Weiterkommen mehr. Keine erreichbaren Tritte für vier Pfoten. Ihr Verhängnis war, dass sie auf dem

schmalen Absatz, auf dem sie stand, nicht mehr umdrehen konnte. Es gab für sie kein Vor und kein Zurück.
Tief durchatmen. Erst einmal Ruhe bewahren. Ich brauchte einen Plan. Das war nicht schwer, denn es gab sowieso nur eine Möglichkeit: Ich musste zu ihr, sie packen und mich mit ihr irgendwie auf die andere Seite befördern, ohne dabei in den Tod zu stürzen. Ich warf den Rucksack ab, schaute nochmal kurz hinunter in den immer wütender rauschenden Fluss, aktivierte meinen inneren Helden und tat, was ich tun musste.
Mich mit einer Hand am Drahtseil haltend, kletterte ich zu ihr. Den einen Fuß auf dem Felsen und den anderen kurz in der Luft, packte ich sie mit dem freien Arm, drückte sie an meinen Körper und uns gemeinsam gegen den Fels. Ein Fehlgriff, ein Abrutschen mit dem Fuß, ein heftiges Strampeln von Dana und tschüss. Ich hatte gar keine andere Wahl, als so gelassen wie möglich zu bleiben, um dies auch auf die Hündin zu übertragen. Fünf Meter halten, pressen, taumeln und bangen, bis wir sicher auf der anderen Seite waren. Wild bellend sprang sie mir aus meinem Arm.

Ich blickte zurück. Da stand Wolfgang bereits an derselben Stelle, von der ich Dana eben gerettet hatte. Ebenfalls in Bergnot! Erst jetzt fragte ich mich, warum ich nicht zurück in die andere Richtung geklettert war? Nun hatte ich noch einmal das gleiche Programm vor mir, nur fünf Kilo schwerer. Es half alles nichts, es gab kein Zurück. Erneut stieg ich in die Wand (um mal so einen richtigen Bergsteigersatz vom Stapel zu lassen).
Wolfi wedelte gelassen mit dem Schwanz. Voll im Urvertrauen, dass Herrchen die Lösung für alles wusste. Irgendwie beruhigend. Packen. Halten. Pressen. Klettern. Nicht abstürzen. Wieder erfolgreich. Als wir drüben waren, gab es wilden Rudeljubel. Eine Runde Leckerlis für alle!
Doch die waren im Rucksack und der war noch drüben. Also nochmal zurück. Ich kletterte los und wer folgte mir auf dem Ab-

satz? Meine treuen und manchmal etwas treudoofen Hunde. Zum Glück bemerkte ich es diesmal frühzeitig und entschärfte die Situation rechtzeitig.

Weiter ging es auf der Suche nach Moritz. Erleichtert pfiff ich vor mich hin, stolz auf meine Heldentat. Keine fünfzig Meter weiter endete meine Melodie so jäh, wie der Pfad vor unseren Füßen. Wieder so eine fiese Stelle: Doch diesmal noch tiefer, länger und gemeiner. Mein Tapferkeitspegel war noch hoch genug, um nicht umzudrehen. Diesmal konnte ich die Hunde auf sicherem Terrain aufheben, das war eine Erleichterung. Dana zuerst. Augen geradeaus und nicht ans Runterfallen denken. Das Rezept gegen weiche Knie. Es gab nur winzige Nischen. Ein paar Zentimeter, wo ein Stückchen Fuß draufpasste. Harte Steine, eiskaltes Wasser, Strömung, die uns durchs ganze Tal spülen würde, niemand da, der uns finden würde. – Positiv denken! Mo, der alleine mit dem Bus heimfahren würde. Ich vermisst, irgendwann ein sentimentaler Nachruf in der Zeitung. Wolfgang als Eremit für immer in den Bergen verbleibend, auf du und du mit dem einsamen Moritz. Nicht denken. Überleben. Ich war drüben.

Der nächste Akt. Wolfi war an der Reihe. Schwanzwedelnd problemlos bis zur schwierigsten Stelle. Diesmal konnte ich nicht recht Tritt fassen. Die fünf Kilo, die Wolfi mehr wog als Dana, schienen genau fünf Kilo zu viel zu sein. Mich verließen die Kräfte. Atmen. Reserven mobilisieren. Hätte ich doch ein Marmeladenbrot mehr gefrühstückt! Eine halbe Beinlänge weiter unten entdeckte ich einen breiteren Tritt. Es wuchs sogar ein Grasbüschel darauf. Mit der freien Hand das Drahtseil umklammernd ließ ich mich hinunter, bis ich das rechte Bein dort abstellen konnte. Ich wollte mich kräftig abstoßen, wieder hochschnellen und nachfassen, um so wieder einen guten Stand zu finden. Im selben Moment löste sich der Grasbüschel samt Erdklumpen unter meinem Fuß und fiel in den gierigen Fluss, wo er sich auflöste wie eine Brausetablette im Wasserglas. Kurz färbte sich das Wasser braun. Ich wankte und schwankte, Wolfgang stellte den Schwanzwedelbetrieb ein. Wenn ich ihn loslassen würde, könnte ich es vielleicht schaffen. Aber ich könnte ihn niemals loslassen. Wir waren ein Rudel. Einer für alle und alle für einen. War dies das dramatische Ende meines großen Abenteuers, ehe es überhaupt richtig begonnen hatte?

Mit einem Kraftschrei zog ich mich mit einer Hand hoch, spürte Muskeln, von deren Existenz ich bis dato nicht gewusst hatte. Wie wild strampelte ich mit den Füßen gegen den Felsen und fand wieder Halt. So schafften wir es auf die andere Seite. Mit rasendem Herzen und zwei Hundezungen im Gesicht lag ich da. Geschafft. Irgendwie und gerade so.

Das Tal wurde wieder breiter und der Pfad kehrte sich ab vom Fluss und führte weiter bergan. Mittlerweile war es dunkel und der Weg schlängelte sich bergauf durch dichten Wald. Bald sah ich ihn nicht mehr. Doch nun übernahm Dana die Führung. Sie erschnüffelte den Weg. Immer wieder drehte sie sich um. Ihr weißer Brustfleck, der aus dem Dunkel schimmerte, wurde mein Wegweiser. Als wir endlich eine lichtere Stelle fanden, die Platz bot, ein ebenes Schlaflager zu errichten, sammelte ich das umliegende Holz und machte ein Feuer.

Nach einer kleinen Stärkung fühlte ich mich blendend. Allein mit den treuen Hunden in der Wildnis, dem Tode von der Schippe gesprungen und bereit für neue Abenteuer! Ich war mir sicher, was auch immer sie alles anstellten: Besser würden sich Rüdiger und Reinhold auch nicht fühlen. Größe ist so relativ! Auch die von Abenteuern. Der eine muss bis ans äußerste Ende der Welt gehen, um einen Anlass zu finden, der ihn in diese erhabene Stimmung bringt. Der andere hat es etwas einfacher: Er nennt seinen alten Camper einfach Bearhunter und fährt mit ihm bloß bis nach Österreich. Noch einfacher haben es die Kinder, wenn sie zum allerersten Mal gemeinsam im Zelt, jenseits des Gartenzauns, am Waldrand übernachten. Und ewig grunzt das Wildschwein. Alles eine Frage der Abstumpfung.

In dieser Nacht träumte ich von einem seltsamen Ort, wo Menschen und Bären gemeinsam lebten. Sie feierten, tanzten und stießen mit Schnapsgläsern an. Mo und ich mittendrin. Es gab Straßen und Autos, genauso wie schroffe Berge und dunkle Wälder. Einige der Menschen hatten Bärentatzen anstelle ihrer Füße.

Früh weckten mich die Vöglein. Die meisten Träume sind tatsächlich Schäume. Sie zerplatzen im Morgenlicht wie Seifenblasen. Aber manche halten sich noch den ganzen Tag lang und einige wenige bleiben so lange, bis sie irgendwann wahr werden ...

Doch mein Weg zu diesem Ort war noch weit. Erst einmal hatte ich Durst. Meine Kehle war schon so trocken, dass sie beim Schlucken wehtat. Nach einem quälenden Anstieg kam ich auf eine Alm. Ich bahnte mir den Weg durch eine mürrisch dreinschauende Kuhherde. Dahinter erspähte ich eine Hütte. Erfrischend plätscherte Wasser in eine Holztränke. Schon von fern hörte ich diese wundervolle Musik und wie freute ich mich auf den ersten Schluck! Als ich näherkam, entdeckte ich in der Tränke ein buntes Durcheinander aller möglichen Getränke, die wohl zum Kühlen dort hineingelegt worden waren. Durch ein offenes Fenster hörte ich Menschen in der Hütte vor sich hin schnarchen. Sollten sie ruhig ausschlafen, ich wollte gar nicht stören. Ich bediente mich einfach selbst und trank drei Almdudler auf Ex. Geld hatte ich keines mit, verdient hatte ich sie mir trotzdem. Sehet die Vögel des Himmels! Gott vergelt's.

Nach einem flotten Abstieg traf ich Mo an unserem Hauptquartier wieder. Keine Spur von Moritz. Wir kamen überein, dass es in Österreich zwar doppelt so viele Bären wie in Deutschland gab – nämlich Moritz –, aber dass für die Stecknadel im Heuhaufen unser Riesennasenkünstlerglück höchstwahrscheinlich nicht ganz ausreichen würde. Aber von irgendwo mussten die Bären ja nach Österreich eingewandert sein, bevor sie von den Ufos entführt worden waren. Mo studierte den Straßenatlas während ich das schlaue Bärenbuch befragte. Eineinhalb Stunden später donnerte der Bearhunter durch den Karawankentunnel Richtung Slowenien.

IX.

Der Höhlenbär

‚Überall, wo der Bär lebt, galt er als Krafttier. Er war kein gewöhnliches Tier. Unter seinem Fell verbarg sich eine Götterseele. Er konnte die Gedanken der Menschen verstehen und hatte Heilkräfte.'
Wolf-Dieter Storl

Wir holperten den Bordstein hoch und kamen zum Stehen. Mit nackten Füßen betraten wir die altehrwürdigen Straßen Ljubljanas, der Hauptstadt Sloweniens. Unser bestes Hemd hatten wir angezogen. Obwohl ich kein Freund von Städten bin, so konnte ich bei dieser eine Ausnahme machen. Die barocken Häuser waren aus weißem Stein gebaut, ebenso die Springbrunnen, einer schöner als der andere. Auf dem Hügel wachte eine fette Burg über die sommerabendlichen Straßen. Überall gab es Drachen: In Stein gehauen auf Pfeilern, aus edlem Metall geschmiedet von Häuserwänden hängend, sogar auf den Gullideckeln waren welche zu sehen. All das wurde getragen vom sanften Gemurmel des Flusses, welcher die Stadt einstmals geboren hatte. Feierlich markierte Wolfgang die zahlreichen historischen Sehenswürdigkeiten und vergrößerte somit wieder einmal sein Revier.

Wir setzten uns auf die weiße Brücke, wo ein blassbrauner Straßenmusiker im Afrolook herrlich schnulzig ‚Suzanne' von Leonard Cohen coverte. Der Boden hatte die Tageshitze gespeichert und mit Begeisterung stellten wir fest, dass dieser Platz mehr als nur den Komfort eines warmen Hinterns bot. Ein Wald von schönen Beinen in kurzen Röcken, soweit das Auge reichte. Voll und rund rollte der Mond, so theatralisch er nur irgend konnte, über die Sommerabendszenerie.

Aber wir waren ja nicht zum Spaß hier. Wir hatten eine Mission und so fragte ich die nächsten vier Beine, die an uns vorüber liefen:
»Sorry. Do you know where we can find bears in Slovenia?«
Die beiden Grazien sahen zu uns hinunter. Ihrem hohen Kichern entnahm ich, dass sie uns wohl süß fanden, mit den Hemden und den Hunden und überhaupt.
»If you want you can join us and we will go into a bar!«
Das schmeichelte uns, doch wir hatten einen Auftrag. Keine Zeit für albernes Urlaubs-Kokettieren und Geplänkel. Disziplin. Wie schnell konnte man in eine Reiseromanze hineingesogen werden, die einen einlullte und die kostbare Abenteuerzeit für kostspieliges Herumhängen in Straßencafés verstreichen ließ. Nicht mit Mo und Sirius auf Bärenjagd! Dankend lehnten wir ab.

Wir verließen die Brücke und schlenderten weiter durch die Straßen, bis wir zwei junge Männer entdeckten, die mit Gitarre und Akkordeon Lady Gaga coverten. Bei dem Hageren mit den langen, blonden Haaren, welcher die hohe Stimme sang und auch etwas so aussah wie Gaga, machte ich mir ein wenig Sorgen, denn es schien, als könnte jeden Moment sein vibrierender Kehlkopf aus dem bis zum Zerreißen angespannten Hals herausplatzen und uns ins Gesicht springen.

Wir klatschten erleichtert, als der Song zu Ende war und stellten uns vor. Die beiden kamen aus Schweden und waren bis hinunter nach Griechenland gereist. Nun waren sie auf dem Heimweg.
»And have you seen a bear on your way?«

»Oh yes, a lot!", lachte der kräftigere mit dem blonden Rollrasen auf dem Kopf.
»Good beers, and bad beers ...«
«Really? We are searching for bears!", rief ich begeistert.
«Okay, guys. Let's go to the next bar."
Was auch immer das bedeuten mochte. Neugierig tippelten wir hinter ihnen her. Der Rollrasenkopf bestellte vier Biere, wovon eines rechtzeitig als Apfelschorle umdisponiert wurde. Bei Mohammed war sein Name nämlich Programm, zumindest was Schweinefleisch und Alkohol anging. Wir stießen an und er sagte:
»This are the best beers! But where you can find bears (sprich bäahrs), we have no idea. Probably not in Ljubljana.«
Dann lachten sie uns kräftig aus. Wir ließen es über uns ergehen. Wir tranken eine weitere Runde und noch eine. Wir hatten Spaß, sogar so viel, dass Gaga und Rollrasen uns zum noch mehr Biertrinken zu sich nach Hause einluden. Sie hatten ihr Zelt in einer Hecke im Stadtpark aufgestellt. Das klang eigentlich ganz gut, dennoch lehnten wir ab. Aus Vernunftsgründen. Ressourcen schonen für die weitere Bärenjagd. Sie wünschten uns viele Bären, wir ihnen viele Biere, dann verabschiedeten wir uns.

Auf dem Heimweg zum Bearhunter murmelte uns der Fluss zu. Wir setzten uns auf das Brückengeländer und schauten auf das Wasser. Uns wurde klar, dass wir auf einer Schatzsuche waren, ohne Schatzkarte. Es gab wohl schon einige Bären in Slowenien, dennoch war es ein sehr seltenes Tier. Im Pfälzer Wald wimmelt es von Wildschweinen, aber über die Jahre hinweg habe ich vielleicht fünfmal eines gesehen, von weitem. Wie sollten wir es in den knapp zweieinhalb Wochen schaffen, einen Bären zu finden? Wir kannten das Land nicht, hatten nicht wirklich Ahnung von den Tieren und immer viel zu viele Flausen im Kopf. Wir brachen es auf zwei Ansätze herunter: Den des Kopfes und den des Herzens.

Ersterer würde bedeuten, so viele Informationen wie möglich zu sammeln, strategisch und mit List und eventuell auch mit einem ge-

wissen Geldeinsatz vorzugehen. Gewissermaßen ‚professionell' zu sein. Der Zweite hingegen war der der Unbedarftheit. Den Träumen und den Zeichen zu folgen und den Rest dem lieben Herrn Allah zu überlassen. Vertrauen zu haben in Zufall und Fügung. Sich dem Prinzip der Schildkröte hinzugeben. Jederzeit ist jetzt.
Auf einmal wurde es ganz hell um uns. Die vorzeitige Spontan-Erleuchtung? Ein Zeichen des Schöpfers? Es war nur eine Straßenlaterne, welche die ganze Zeit geschlafen hatte und nun aus irgendeinem Grund angesprungen war. Ihr Lichtschein entriss die Litfaßsäule am Flussufer ihrem Schattendasein und das Gesicht eines buddhistischen Mönchs strahlte uns an. Seine schon halb abgerissene Papierhand deutete auf das Plakat darunter. Dieses wiederum zeigte ein Alien, das aussah wie eine Mischung aus blassrosa Wurm mit vier kurzen Beinchen und dem Glücksdrachen Fuchur aus der ‚Unendlichen Geschichte'. Darunter stand geschrieben ‚I feel Slovenia', mit dem Verweis auf eine Tropfsteinhöhle bei einer Stadt namens Postojna.

»Halleluja…«, flüsterte ich, »Allahu Akbar…«, mein Freund.
»Na dann ist ja alles klar.«
»Sirius?«
»Mo?«
»Denkst du, was ich denke?«
»Ich denke schon.«
»Wenn schon kein Bär, dann vielleicht ein nackter Glücksdrachenwurm?«
»Das könnte helfen.«

Am folgenden Nachmittag folgten wir erwartungsvoll dem Zeichen des Glücksdrachenwurmes, welches gelb auf den Parkplatz gepinselt war. Wir kamen zu einer Galerie von Geschäften, Souvenirshops und Fressbuden. Von der Höhle war weit und breit nichts zu sehen. Dennoch kauften wir uns zwei teure Tickets und warteten bis zur nächsten vollen Stunde, zu der eine Führung angekündigt war.

Im Infoflyer, den wir mit den Tickets erhalten hatten, stand, dass die Adelsberger Grotte das größte Höhlensystem Europas ist. Die Gesamtlänge all ihrer Gänge beträgt über sechzig Kilometer! Über unterirdische Gewässerströme ist sie mit weiteren Höhlen verbunden. Es gibt monumentale Hallen, groß wie ein Dom und unendlich viele Stalagmiten und Stalaktiten in phantastischen Formen. Die Karstlandschaften der Dinariden sind voll von solchen Grotten. Das Wasser frisst sich durch das kalklösliche Gestein, erschafft Gänge und Räume und lässt eine mystische Welt entstehen, tief unter der unseren. Und nur hier, in den Karsthöhlen östlich der Adria, lebte dieser seltsame Nacktglücksdrachenwurm, dem man den wundervollen Namen Grottenolm gegeben hat.

Plötzlich kam Unruhe in dem Touristenpulk vor den Geschäften auf. Die Leute drängten sich vor einem vornehmen Eingang zusammen. Die Tür ging auf und man schob sich hinein. Sogar der rote Teppich war ausgerollt. Sicherlich sollte er schon gleich einmal den gesalzenen Eintrittspreis rechtfertigen. Links und rechts lauerten zwei Fotografen und versuchten jedes auch noch so unvorteilhaft dreinschauende Gesicht zu knipsen. Wir bemühten uns gar nicht erst und zogen gleich freiwillig eine grottenolmige Fratze.

Dann fanden wir uns plötzlich an einem Bahnsteig wieder. Uniformierte Helferinnen forderten uns auf, in die offenen Wägelchen des kleinen Zugs einzusteigen. Was war hier los? Kinder kreischten, Erwachsene schimpften und Aufseher passten auf, dass niemand aus der Reihe tanzte. Wir saßen da, wie vor der Abfahrt in die Geisterbahn, nur dass die Geister schon mit im Zug saßen. Chipstüten wurden ausgepackt, Coladosen ploppten, Kameras blitzten und Handys wurden hochgehalten, um diesen einzigartigen Moment festzuhalten.

»Welcome to Disneyland!«, stöhnte ich, als sich ruckelnd die Bahn in Bewegung setzte. Wir schossen durch schmale Tunnel. Über uns und um uns flogen die Stalagmiten und Stalaktiten an uns vorbei. Eine falsche Kopfbewegung und man hätte die längste Zeit einen gehabt.

Nach ein paar Minuten kam die Bahn zum Stehen und die Aufseher befahlen uns, auszusteigen. Nun musste man sich seine Landesflagge aussuchen und sich darunter aufstellen, so dass die Führungen in fünf verschiedenen Sprachen losgehen konnten. Leise stimmte ich die deutsche Hymne an, als unsere zackige Führerin erschien. Sie bellte ein paar Befehle, welchen unverzüglich Folge zu leisten war. Dann kam das Kommando zum Abmarsch. Wo waren wir hier nur hineingeraten?

Als Kulisse dieses nervigen Tourirummels diente eines der größten Wunder der Erde: die unglaubliche Formenvielfalt der Tropfsteinhöhle von Postojna. Aber wie sollte man diese genießen können, wenn man die ganze Zeit nur geologische, historische, biologische und chemische Fakten um die Ohren gehauen bekam? Alles auf den Kopf! Gepriesen und verdammt sei unser überbewerteter, menschlicher Verstand, der uns nur allzu oft das Staunen und das Wundern verdirbt.

Wir fanden die schmale Schnittstelle zwischen der Gruppe hinter uns und der unseren, in der sich französisch und deutsch zu einem unverständlichen Brei vermengten, so dass wir das Maschinengewehrgeratter an Informationen ausblenden konnten, um etwas sinnlicher und fantasievoller in die mystische Unterwelt einzutauchen. Bald schauten wir mit Kinderaugen in das Labyrinth der Formen und Gestalten, wie sie von der Decke herabhingen oder zu ihr hinaufwuchsen. Manche waren nach einer tausenden von Jahren dauernden Annäherungsphase miteinander verschmolzen.

Wir fühlten uns wie im Kabinett eines göttlich begnadeten Bildhauers, welcher in grauer Vorzeit tief unter der Erde jene Wesen entworfen hatte, die nun ihre Oberfläche bevölkerten. War das da vorne ein alter Mann mit Zwergenmütze? Gleich neben der strahlenden Fee? Ein Löwe, ein strenger Richter, ein Baum mit Adlerkopf und ein Gespenst im Schlafrock: Mehr und mehr vereinte sich unsere Phantasie mit den tropfenden und betropften Steinen. So offenbarten sich uns die steinernen Wesen, geformt aus dem Zauber von Kalk, Wasser und für unsere menschlichen Verhältnisse schier unendlichen

Spiel der Zeit. Mir schien, es läge ein Bann über dieser Höhle, der dafür sorgte, dass, sobald ein menschliches Wesen sie betrat, alles in Stillstand und Schweigen verfiel, was ansonsten wogte und tobte wie ein belebter Marktplatz. Ein Getöse von Stimmen, welches durch die weiten Hallen schwappte, das für den Menschen nur zu erahnen war, im Klang der fallenden Tropfen und einem fernen Rauschen, irgendwo aus der Tiefe der Grotte.

Mo und ich schwiegen, wiesen nur immer wieder begeistert und ergriffen auf jenes Wesen hier oder dort, welches wir in den Tropfsteinen erschauen konnten. Es brauchte nur einen kleinen Fingerzeig oder eine vorsichtige Kopfjustierung, um den anderen das sehen zu lassen, was man selber sah. Ja, so verschieden wir waren, so gab es wohl doch ein Holz, aus dem die Seelen von Christian und Mohammad geschnitzt waren.

Und dann erschien er uns: Unzweifelhaft, kraftvoll. Vier Meter hoch, wenn er sich aufrichten würde. Doch er stand felsenfest auf vier riesigen Pfoten und trank das kühle Wasser aus dem weißen Stein, welches ihn hat wachsen lassen: Der Höhlenbär.

Ich fühlte eine Zeit, in der die Menschen noch in denselben Höhlen lebten wie die Bären. Ich erinnerte mich an das, was ich in Büchern gelesen hatte, aber es schien noch etwas mehr zu sein. Eine Art Urahnung von einer Zeit vor der Zeit, als die Tage ungezählt kamen und gingen. Als der Mensch sich noch als Teil der Schöpfung begriff, über die er sich heute erhaben wähnt. Doch was fühlte er damals, als einer von allen, zugleich ausgeliefert und geborgen im großen Kreis des Lebens? Im Geben und Nehmen der Jäger und Gejagten, in einer von Zauber durchdrungenen Welt. In diesem Augenblick sah ich durch ein Schlüsselloch tief in mich selbst. Durch die dünne Kruste meiner Hightech- und Multimedia-Sozialisierung nahm ich einen gewaltigen Berg wahr, der da wirkt und west. Das Bewusstsein von tausenden Generationen des Menschwerdens, als wir uns der Einheit mit der Natur gewahr waren. Des Daseins als eines von allem. Über nichts erhaben und mit allem verbunden.

Ein archäologisch bedeutsamer Fund holte mich wieder zurück ins 21. Jahrhundert: Ein abgestreiftes Kondom hing an einem Tropfstein, daneben auf dem Boden ein Damenslip. Safer- Steinzeitsex – der ultimative Kick. Bloß nicht erwischen lassen.

Wir überquerten eine Brücke und kamen in eine große Halle mit einem Aquarium in der Mitte. Darin befand sich ein gefangener Grottenolm. Ein mutierter Molch, dessen Vorfahren irgendwann in die Unterwelt der Höhlen gelangt waren und dort, in ewiger Dunkelheit und bei geringem Futterangebot, überleben konnten. Er hatte keine Augen mehr, aber die sind ja auch unnötig, wenn es immer dunkel ist. Pigmente braucht die Haut mangels Sonne ebenfalls nicht und da hier sowieso alle blind sind, spielt der Teint keine Rolle. Dafür hat der Olm sehr große Ohren, mit denen er seine Welt auslotet. Er sah schon etwas furchterregend aus. Für die maximal pigmentierten, oberirdischen Molche musste er wohl so eine Art Gollum sein. Für mich ein Naturwunder.

Als wir aus der kühlen Grotte in die heiße und grelle Oberwelt zurückkehrten, war sofort klar, was als nächstes zu tun war. Eiskaffee. Und selbstgemacht sollte er sein. Zunächst stellten wir kalten Kaffee her. Ein ziemlich aufwendiges Prozedere bei 35 Grad im Schatten. Ich kochte ihn und Mo schüttelte ihn ungefähr fünfzig Mal zwischen zwei Behältern hin und her, bis er einigermaßen lauwarm war. Dann steuerten wir den nächsten Supermarkt an und kauften das Vanilleeis. Die Sahne schütteten wir flüssig darüber. Das Resultat rechtfertigte die Mühen und zufrieden schlürfend sahen wir aus unserem aufgeklappten Panoramafenster auf die Tankstelle, bis ein kleiner VW-Bus direkt neben uns stoppte und uns die Sicht versperrte. Ein hagerer Lockenkopf kurbelte die Scheibe runter:

»Hey, Jungs! Sucht ihr einen Stellplatz?«

»Hello Guys!«, rief die Brünette neben ihm mit Kaugummislang.

»Eigentlich suchen wir einen Bären«, antwortete ich.
»Einen Bären?«
»Mindestens einen.«
»Ihr seid ja lustig. Einen Bären haben wir nicht für euch, aber wir haben einen Tipp bekommen, dass es hier in der Nähe einen netten kleinen Weiher gibt, wo man gut campieren kann. Wenn ihr wollt, fahrt uns einfach hinterher!«
Kein verkehrtes Angebot. Große Sprünge würden wir heute sowieso nicht mehr machen. Also fuhren wir den beiden hinterher bis zu dem kleinen Mückentümpel. Wir machten uns ein schönes Lagerfeuerchen und zogen eine Flasche Rotwein auf. Der Lockenkopf hieß Markus und war ein unbekannter Schauspieler. Doria, seine amerikanische Braut, war in der gleichen Sparte unterwegs.
»Und ihr sucht also Bären?«, fragte er.
»Ja«, bestätigte ich.
»Wir haben heute Morgen in einer Bar die Nachrichten gesehen. War echt spannend. Letzte Nacht ist nämlich ein Bär mitten in Ljubljana aufgetaucht.«
Ich spuckte eine kleine Fontäne Rotwein ins Gras.
»Da waren wir auch gestern!«
»Der Bär hat im Stadtpark ein Zelt auseinandergenommen. Es gehörte zwei Schweden, die ziemlich geschockt aussahen.«
»Whaaat?« riefen Mo und ich im Chor.
Eindeutig Lady Gaga und Stoppelkopp. Die uns noch zum Bier in den Park eingeladen hatten. Unfassbar!
»Ist der Bär immer noch da?«
»Nein, natürlich nicht. Er wurde betäubt und eingefangen, um ihn wieder in den Wald zu bringen.«
»Wohin genau?«
»Wie hieß das noch? Irgendwo ins Grenzgebiet zu Kroatien.«
»Kocevje«, half Doria.
Das war ein dickes Ding. Um ein Haar hätten wir den Bären gehabt. Oder er uns. Beim Biertrinken im Park. Zufällig. Rein zufällig.

X.

Blitz und Donner im Bärenwald

‚*In einer dunklen Nacht, wahrscheinlich war kein Mond zu sehen, habt ihr ihn gehört! War er es wirklich? Ihr beugt euch über das Fensterbrett,und vernehmt von Neuem seinen entfernten Ruf. Eine heimliche Aufforderung, anhaltend und kraftvoll.*'

Jean-Luc Valerie

Ein brandheißer Hinweis auf unserer Bärenschnitzeljagd, dem wir natürlich folgten. Wir bewegten uns nun südlich der großen Autobahn, die Slowenien einmal quer durch die Mitte schneidet. Für die slowenisch-kroatische Bärenpopulation ein kaum überwindbarer Todesstreifen. Nur wenige Tiere wagten es, ihn zu überqueren. Manche davon bezahlten es mit dem Leben.

Eine heiße Fahrt über gemütliche Sträßchen, teils nur Schotterpisten. Kleine Dörfer, Wiesen und vor allem Wälder, so weit das Auge reichte. In freudiger Naherwartung schaute unser Armaturenbrett-Bruno in die Weltgeschichte. Unser Kilometerzähler nullte sich. Tausend Kilometer waren wir schon, oder erst, gefahren. Gefühlt waren wir ganz weit weg. Die Zeit war uns etwas entglitten. Waren wir erst eine Woche unterwegs? Oder schon zwei? Wir waren weg, raus, woanders. Kilometerstände, Kalender oder gar Uhren lösten sich in Bedeutungslosigkeit auf. Wir waren voll und ganz in der Schildkrötenzeit angekommen.

Wir fuhren und fuhren, machten zwischendrin einen kleinen Jumpin in einem See und tingelten wieder gemächlich weiter, bis in die Abenddämmerung. Dann sahen wir ein Schild:
'Welcome to the land of the forest!'
 Ein großer und ein kleiner Bär waren darunter gezeichnet. Mo stieg in die Eisen. Mein Herz schlug höher. Wir stiegen aus und atmeten Bärenluft. Am Straßenrand entdeckte ich ein zusammengerolltes Fellknäuel. Ich drehte es mit dem Fuß um. Ein toter Baummarder. Rüdiger Nehberg hätte ihn sich sicher sofort in die Pfanne gehauen. Ich hingegen legte ihn respektvoll ins hohe Gras und sah mich um. In einer Färbung aus dunkelschön und unheimlich trafen sich die langgezogenen Bergrücken mit einer Wolkenfront, dazwischen blendeten die waagrechten Strahlen der untergehenden Sonne. Gäste in den Hallen derer, die hier seit jeher zuhause waren.
 Wir lenkten den Bearhunter auf einen Waldweg und fuhren ein Stück hinein. Wieder war es ein Schild, welches uns um Stehen brachte. Es zeigte einen plump gemalten Bären, der schön artig seinen Müll in den dafür vorgesehenen Behälter warf. Kein Warnschild nach dem Motto: ‚Achtung, freilaufende Raubtiere! Betreten des Waldes auf eigene Gefahr.' Stattdessen der Bär als gutes Vorbild.
 Hier würden wir die Nacht verbringen. Vorsichtig öffnete ich die Hintertür und spähte hinaus. Hoher Buchenwald, der langsam im Zwielicht verschwand. Leise glitten wir zur Tür raus. Das hier war Bärenwald und wer weiß, was der verrückte Gevatter Zufall im Schilde führte. Durch die Schwedengeschichte waren wir gewarnt.
 »Mo?«
 »Sirius?«
 »Leise...«
 Im nächsten Moment rumpelten Dana und Wolli aus dem Wa-

gen und hechteten mit grummeligem Gebell ins Unterholz. Diese Amateure! Wussten sie denn nicht, dass es hier mehr als nur Rehe und Kaninchen gab? Als sie kurz darauf schwanzwedelnd zum Einsatzfahrzeug zurückkehrten, war klar, dass es im näheren Umfeld keinerlei verdächtige Bewegungen gab. Wir pirschten ein Stück durch den Wald und fühlten uns dabei ganz besonders lebendig. Wir waren da, endlich!

Nachdem wir uns noch etwas gebrutzelt hatten, ging es in die Kojen. Draußen rief das Käuzchen und seine mystischen Rufe trugen uns hinüber ins Reich der Träume.

Ein heftiges Getöse weckte mich auf. Tiefes Donnergrollen hallte im Buchenwald wider. Blitze zuckten und ließen geisterhaft die fahlen Stämme sichtbar werden. Ohrenbetäubend trommelte der Regen auf das Dach und der ganze Bus schaukelte, als wäre er ein Schiff im Sturmwind auf hoher See. Plötzlich fiel mir ein, dass Wolfi noch draußen war! Ich öffnete die Tür und triefend nass kletterte er an Bord. Kaum hatte ich die Tür geschlossen, tat es wieder einen Blitzschlag und dann stand er da: Der Bär. Direkt vor unserem Bus! Ich rüttelte am schlafenden Mo, doch noch ehe er wach war, blitzte es erneut und der Bär war wieder verschwunden. Nur ein Trugbild? Aber da! Wieder tauchte er auf, direkt unter dem Fenster auf der anderen Seite. Ich rüttelte und schüttelte Mo, bis ich merkte, dass Mo Wolfgang war, als erneut der Bär erschien, ganz nahe am Fenster. Der Regen perlte von seinem Pelz, sein Blick war wild und stürmisch, wie das Gewitter. Ich sah weg, ich sah wieder hin und da war kein Bär. Nur ein Traum?

Ich schlief wieder ein und wachte wieder auf. Es war hell draußen. Der Regen hatte aufgehört. Wolfi, Dana und Mo schliefen noch tief und fest. Leise ging ich hinaus und traute meinen Augen nicht. Zwischen den Farnen stand er in der Morgensonne, Wassertropfen funkelten in seinem braunen Fell. War er diesmal wirklich? Ich durfte ihn nur nicht aus den Augen verlieren. Fest hingucken. Doch es reichte ein Blinzeln und er war verschwunden.

Als ich dann doch wirklich und wahrhaftig in aller Herrgottsfrühe erwachte, hatte ich reiche Beute mit hinüber ans Tageslicht gebracht. Sofort begann ich, die Konturen der Bilder mit Worten in meinem Expeditionslogbuch nachzumalen, ehe sie im Licht des Wachzustandes verblassen würden wie überbelichtete Fotografien. Diese Bärenerscheinungen: So wirklich in dem einen Moment, so traumhaft im nächsten. Immer wieder sah ich den Bären, endlich. Doch jedes Mal, wenn ich ihn meinem Freund zeigen wollte, war er wieder weg.

Vor dem Bus waren überall Pfützen und heruntergefallene Blätter zu sehen. Regen, Blitz und Donner hatte es also wirklich gegeben. Und der Bär? War auch er tatsächlich hier gewesen?

Ich hatte ein wahres Traumfeuerwerk erlebt. Immer mehr Frequenzen fielen mir ein, doch während ich eine aufschrieb, schienen sogleich drei andere zu zerfallen. In einer Szene saßen Mohammad und ich hinten im Bearhunter und lachten, während vor dem Fenster die Landschaft vorbeiflog. Bis Mo siedend heiß einfiel:

»Wenn wir beide hier hinten sitzen – wer fährt dann eigentlich den Wagen?«

Niemand saß am Steuer, doch wir fuhren traumhaft sicher durch unsere kleine, weite Welt.

Dann lief ich schwerelos durch die Luft. Eine bestimmte Atemtechnik und eine gewisse, innere Einstellung machten es möglich. Mo konnte es auch. Wir gingen aus eigener Kraft und fühlten uns zugleich getragen. Mehr konnte ich nicht raffen aus der Schatztruhe der Träume, die sich mir in dieser Nacht so sperrangelweit geöffnet hatte.

Bei einem guten Waldfrühstück erzählte ich Mister zweifingerdick-Marmelade-aufs-Brot davon. Anschließend fasste ich den Plan, eine Nacht alleine im Bärenwald zu verbringen. Das hieß, natürlich mit Wolfgang und Dana, meiner Leibgarde. Kein Problem für Mo, auch er würde sich ein Feuerchen in der Wildnis zu entfachen wissen.

Den Tag ließen wir recht faul vor sich hinquellen, bis es Abend geworden war. Dann fuhren wir noch ein Stückchen südwärts, bevor wir erneut von der befestigten Straße auf einen Forstweg abbogen. Wir folgten ihm solange, bis ich im Unterholz eine stattliche Hirschkuh entdeckte.

»Hier ist ein guter Platz! Lass mich da vorne bei der Lichtung raus.«
In voller Actionmontur stieg ich aus. Rucksack auf, das Crocodile Dundee-Messer am Gürtel, die treuen Hunde an der Seite. Eine schöne, warme Abendstimmung lag über dem Wald.
»Bis morgen früh, wenn Gott will!« waren meine letzten Worte an den treuen Kameraden.
»Allah sei mit dir!«

Der Bearhunter drehte und fuhr an mir vorüber. Ich hustete und die vertraute Qualmwolke wurde immer kleiner, auf dem Meter um Meter einsamer werdenden Waldweg. Und dunkel wurde es auch schon. Hatte ich nicht noch irgendwas Wichtiges vergessen? Gab es nicht irgendeinen Grund, den Freund noch einmal zurückzupfeifen? Wollte ich wirklich hier alleine im tiefen Wald der hungrigen Bären sein?

Der Bus war verschwunden und langsam erstarb auch sein Dieselgebrumme. Nun standen wir allein. Dana, Wolfi und ich gegen die Nacht im Wald, in dem die wilden Bären wohnen.

XI.

Ein Mann, ein Lagerfeuer und ewig raschelt's im Unterholz

,Großer Bär, komm herab zottige Nacht,
Wolkenpelztier mit den alten Augen,
Sternenaugen,
durch das Dickicht brechen schimmernd
deine Pfoten mit den Krallen, Sternenkrallen.'

Ingeborg Bachmann

Ein Krächzen wie ein ‚Guten Abend, Fremder'. Leicht spöttisch, irgendwo aus dem Gebälk dieser endlos tiefen Halle. Es war keine Krähe, sondern ein echter, großer Kolkrabe, der mich aus seinen listigen Augen musterte. Hirschlosung lag auf der Lichtung und ich spürte sogleich, dass ich hier in einem fremden Wohnzimmer war. Ins große Haus des Waldes, in dem so viele Geschöpfe wohnten, war ich als Gast gekommen. Einer aus der lauten und schnellen Menschenwelt, die hier so fern, so unwirklich erschien wie in jener ein Wald, in dem die Bären gingen. Die Sonne versank langsam im Gebirge aus weißem Karst und wallendem Grün. Es wurde Zeit mir ein Nachtlager zu suchen.

Ich näherte mich dem Waldrand. Ganz vorsichtig zog ich, einem Vorhang gleich, die tiefhängenden Äste zur Seite. Als würde Meister

Petz gleich hinter dem nächsten Baum nur auf mich warten. Aufatmen. Niemand da. Ich ging ein Stück ins zwielichtige Unterholz hinein, wo ich schon bald ein ebenes Plätzchen fand. Der Kreis der Bäume, der es umschloss, gab mir das Gefühl, eines geschützten Raumes. Über den Baumwipfeln lag der Abendhimmel tief und offen.

Ich suchte ein paar Steine zusammen für die Lagerfeuerstelle, dann sammelte ich trockenes Holz. Die Dunkelheit wuchs schleichend, doch unaufhaltsam und mit ihr das klamme Gefühl, einsam am Arsch der Welt zu sein. Allein in einem fremden Wald voller Wildnis. Während ich mich noch tröstete, dass dies zwar nicht der Pfälzer Wald, aber auch nicht der Amazonas war, wurde ich mir eines breit ausgetretenen Pfades bewusst, der direkt unter meinen Wanderschuhen verlief. Es schien kein Menschenpfad zu sein, dafür verlief er zu unmenschlich. Er folgte eindeutig tierischen Interessen.

Es könnte theoretisch ja …, aber nein, wieso sollte ausgerechnet …, aber vielleicht ja doch … obwohl es natürlich auch nur ein Hirschpfad sein könnte und hoffentlich auch war …, aber wenn nicht?

Es half ja alles nichts. Es war fast dunkel. Hier war mein Platz. Mo erlebte irgendwo sein eigenes Abenteuer und ich war hier ja nicht ganz allein. Dana und Wolfgang würden sich schon bemerkbar machen, falls da ein Bär herumstrolchen sollte. Andererseits war ich ja genau deswegen hier. Ich wollte doch einen treffen. Oder doch lieber nicht?

Feuer machen. Ich baute mein Holz auf, zog ein Stück Birkenrinde von einem Ast, zündete es mit einem Streichholz an und legte es in das Reisigfundament meines sorgfältig zum Tipi aufgeschichteten Brennholzes. Es knisterte und kleine Rauchfähnchen stiegen in die Luft. Gleichmäßig brannte es direkt mit der ersten Zündung an. So gehörte sich das für einen Waldläufer. Die Dunkelheit umschloss mich vollends, aber ich hatte in ihrer Mitte ein Feuer entfacht. ‚Wo ein Feuer brennt, ist ein Zuhause!', sagte mir einst ein erfahrener Lederstrumpf.

Und umso größer und kräftiger es wurde, umso mutiger fühlte ich mich. Es brannte nicht nur gegen die Dunkelheit und die rasch heraufziehende Nachtkühle, sondern auch gegen die Einsamkeit. Ich fühlte es mit allen Sinnen, wie einen hungrigen Freund, der mir Gesellschaft leistete, solange ich ihn fütterte. Dana, Wolfi und ich saßen ihm zur Seite. Es war schön, die beiden Undercover-Wölfe zur Seite zu haben. Ich fühlte mich ihnen wieder einmal auf tiefster Seelenebene verbunden. Was wäre der Mensch denn ohne Hunde? Wahrscheinlich schon ausgestorben.

Da auch in der Wildnis die Karies lauert, hatte ich natürlich meine Zahnbürste dabei. So schrubbte ich vorm Zubettgehen noch brav die Beißerchen. Dabei ging ich ein paar Schritte in den Wald hinein und spuckte direkt auf einen Haufen weißen Zeugs, das hinter einem daniederliegenden Baumstamm lag. Was sollte das sein? Keine Steine und kein Müll, soviel konnte ich erkennen. Ich bückte mich herunter, langte hin und hob einen sehr großen Knochen auf. Und das war nur einer von vielen. Die Beweislage war eindeutig: Hier war jemand gefressen worden.

Ich musste Ruhe bewahren und durfte auf keinen Fall übertreiben. Das war zwar wie im billigen Horrorfilm: Ein einsamer Typ am Lagerfeuer im dunklen Wald findet anbei einen Haufen Gebeine und ahnt: ‚Irgendetwas ist da draußen …', aber rein statistisch gab es nichts zu befürchten. Ein Bärentoter in ganz Europa pro Jahr, warum sollte ausgerechnet ich das sein? Und warum eigentlich nicht? ‚Was geht hier in diesem verdammten Wald vor?', müsste ich jetzt mit zitternder Stimme fragen, um dann mit der Taschenlampe immer tiefer in den Wald zu laufen und ‚Hallo, ist da jemand?' zu rufen, bis ich weit genug weg vom schützenden Feuer war und die Bestie mich von hinten anspringen würde.

Da ich nicht so blöd wie ein B-Movie-Darsteller sein wollte, setzte ich mich lieber wieder zurück ans Lagerfeuer zu meinen Hundefreunden. Dort besah ich mir den Knochen genauer. Zumindest war er nicht menschlicher Herkunft und schien auch nicht allzu frisch zu sein.

Was aber, wenn ich tatsächlich direkt neben einem Bärenwechsel campierte? Er könnte des nachts hier vorbeischlendern, auf dem Weg zum nächsten Imbiss und dabei Hunger auf einen dürren Möchtegern-‚Grizzly' Adams bekommen.

Nein, Bären essen keine Menschen. Sie essen hauptsächlich Beeren und Pilze und Wurzeln und frische Kräuter, Regenwürmer, Mäuse und ja, ab und an auch mal einen kleinen Hirsch. Aber wenn sie zu einem Hirsch nicht Nein sagen, warum denn zu einem wie mir, wenn er doch so leicht zu haben ist?

»Weil ich das Feuer habe und die Hunde!«, sprach ich mir selbst Mut zu und legte trotzig einen dicken Knüppel in die Flammen.

Während der Wald von tiefer Seelenruhe durchdrungen stockdunkel stand, prasselte das Feuer immer selbstbewusster vor sich hin. Ich warf den Knochen ins Dunkel und kroch in meinen Schlafsack. Über den schwarzen Wipfeln glühten die Sterne kalt und klar. Dana und Wolfi schliefen längst tief und fest, unbeeindruckt von den vermeintlichen Gefahren der Wildnis. Nur die Eule und ich schienen noch wach zu sein. Wenn ich mit meinem gesunden Menschenverstand darüber nachdachte, war es doch sehr, sehr unwahrscheinlich, dass ein Bär mich angreifen und verspeisen würde. Das wäre einfach zu spektakulär. Vielleicht war es eher die Angst vor der Furcht, die mich wachhielt. Die Angst vor dem atemlosen Gefühl, wenn da plötzlich im Dunkeln außerhalb des Feuerschutzkreises, tatsächlich ein großes, atmendes Wesen durch den Wald tappte. Wie mir das Herz durch die Schädeldecke springen würde! Man konnte sich auch zu Tode erschrecken.

Vielleicht habe ich in meinem Leben einfach zu viele Horrorfilme gesehen, wo böse Tiere arme Menschen peinigten. Es war ja nicht nur das Märchen vom bösen Wolf und dem Rotkäppchen und den sieben Geißlein und den drei kleinen Schweinchen. Da tigerte auch der weiße Hai über die endlosen Korridore meiner Hirnwindungen. Des Weiteren waren dort auch ein tollwütiger Mörderhund, eine Zombiekatze, eine Anakonda, ein Riesenkrokodil und ein Riesenaffe unterwegs. (Obwohl der doch eigentlich ganz sympathisch war und ich immer hatte heulen müssen, als er sterben musste). In meiner tierischen Geisterbahn arbeiteten außerdem Ratten, Spinnen, Ameisen, mutierte Riesenzecken, Piranhas und Scharen von wütend gewordenen Vögeln. Ein Bär durfte in dieser Sammlung natürlich auch nicht fehlen. Der Mördergrizzly des Todes. Irgendwie verrückt. Denn zweifelsohne war das monströseste Tier der Erde doch jenes, welches sich diese ganzen Horrorstorys ausdachte.

Über das Gruseltierchenzählen musste ich wohl eingeschlafen sein, bis ich plötzlich hochschreckte. Wolfi und Dana schauten gespannt in die Schwärze des Waldes, die sich ganz nahe an uns herangeschlichen hatte. Das Feuer war heruntergebrannt und nur ein paar Kohlebrocken glühten ersterbend vor sich hin. Da war ein Geräusch gewesen. Ein lautes Rascheln, wie Schritte auf morschem Laub. Doch nun war es wieder still und alles schien darauf zu warten, wer oder was nun den ersten Mucks machte. Ich war es jedenfalls nicht. Ich legte meine Hände auf Wolfi und Dana. Auf keinen Fall sollten sie jetzt bellend in den Wald rennen. Ruhig bleiben, einfach ruhig bleiben. Egal was da war, atmen nicht vergessen.

Ich wartete und lauschte in diese vollendete Finsternis hinein, die keinen Laut und keine Form preisgab. Ich atmete ganz flach, hörte die kleine Trommel in meiner Brust, bis ich es nicht mehr aushielt vor Finsternis und Stille. Ich legte meinen Kopf in den Nacken und sah hinauf in den Himmel. Dort leuchteten die Sterne heller als je zuvor. Und dort oben sah ich ihn, wie ihn auch schon die Ahnen vor hunderttausend Jahren gesehen hatten: Den großen Bären, mit Sternenlicht in die Unendlichkeit gezeichnet. Mit einem Mal wich die Angst von mir und an ihrer statt machte sich ein weites Glücksgefühl breit. Ich spürte demütige Dankbarkeit und ein tiefes Einverstandensein mit allem, was ist. Ich war hier und ich war hier richtig. Und wenn da draußen der Bär war, dann galt für ihn dasselbe. Was sollte schon sein? Minuten mochten vergangen sein, vielleicht eine Viertelstunde, vielleicht eine halbe. Es fühlte sich mehr nach Urzeit als nach Uhrzeit an. Nichts erfüllte den Wald als mein ruhiges Atmen. Die Hunde schliefen längst wieder und auch ich streckte mich aus. Sternenlichtgetränkt dämmerte ich hinüber.

Der Morgen weckte mich mit seiner allerlieblichsten Waldsymphonie. Tau lag glitzernd auf meiner kleinen Lichtung. Mir ging es richtig gut. Ich hüpfte aus meinem Schlafsack und streifte barfuß durch die Umgebung. Wo eben noch unheimliche Finsternis war, grünte nun vielförmige Schönheit. Hungrig saugten die Blätter das Licht in sich auf. Fast meinte ich, das Wasser die Stämme hinauffließen zu hören. Ich folgte dem vermeintlichen Bärenpfad und fand unweit meines Lagers eine riesige braun-weiße Feder. Zum Dank für dieses Geschenk und den Zauber des Waldes zog ich meine alte Schulblockflöte aus dem Rucksack und spielte auf ihr rein intuitiv die virtuosesten Tonkaskaden. Das hätte sich meine damals schier an mir verzweifelnde Grundschullehrerin niemals träumen lassen. Aber da musste ich auch unter Neonröhren sitzen. Unter freiem Himmel ist einfach mehr Platz für Inspiration von oben. Pan selbst schien sich meines Atems und meiner Fingerchen bemächtigt zu haben, denn was da erklang, dessen zu spielen war ich normalerweise nicht annähernd mächtig.

Bald darauf traf mein großes grünes Taxi ein. Mo sprang heraus und rief.
»Sirius, du lebst!«
»Und wie!«
Wir umarmten uns und erzählten uns unsere Geschichten der Nacht. Ihm war es ähnlich ergangen wie mir, nur ohne Knochen.

Den Sternenbär hatte er auch gesehen. Wir waren uns einig: Nachdem wir den Bären nun in der Höhle unter der Erde und im Himmel über der Erde gesichtet hatten, musste es nur noch eine Frage der Raumzeit sein, wann wir ihm auf der Erde begegnen würden. Aus Wasser und Stein, aus Licht und Nacht und bald auch aus Fleisch und Blut.

XII.

Müssen gehen Rog

Die Bussardfeder schaukelte am Rückspiegel, während wir entlang des Mala Gora Gebirges Richtung Kocevje fuhren. Schon am Vormittag brezelte die Sonne knallheiß vom Himmel. Wir parkten den Bearhunter neben der Kirche und machten uns auf, der kleinen Stadt im Herzen des Bärenlandes auf den Zahn zu fühlen. Wie lebten hier die Menschen mit Bären in den Wäldern, rund um den Beton? Gleich neben dem Stadtplan für Touristen stand schon der erste Bär, mannshoch, kunstvoll aus einem Stück Holz gearbeitet. Ich sah ihn in Vorgärten, in Schaufenstern, auf Postkarten und vor dem Kindergarten. Er schien hier sehr beliebt zu sein. Wir begannen, die Leute auf der Straße nach ihm zu fragen.

»Medved!«, nickten sie und zeigten mit dem Finger auf die umliegenden Berge. Ein krummer Mann, der in einem zerschlissenen Anzug steckte und mehrere Flaschen in einer Plastiktüte spazieren trug, war der erste, der etwas Englisch sprach.

»Bear? Not beer?«, fragte er uns mit einem hoffnungsvollen Funkeln in den schmalen Augen.

»First bear, after beer«, versprach ich ihm und er grinste.

»You have to go ...«, er grübelte kurz nach, dann zeigte er die Straße runter.

Holy Bearshit

»Follow me!«

Und ab ging die Post. Flinken Fußes kreuz und quer durch die Stadt. Was genau der sich immer wieder diebisch umschauende Mann mit uns vorhatte, wussten wir nicht. Wir dackelten einfach hinterher. Irgendwann blieb er vor einem Kiosk stehen, dessen Rollladen heruntergelassen war. Er klopfte wild, aber es tat sich nichts.

»Ahhrrr, we are too late ...«, brummte er halb in sich hinein und halb aus sich heraus. »But okay. Maybe ... Follow me!«

Und weiter. Denselben Weg zurück, bis zu dem Kindergarten, vor dem die Bärenfigur stand. Dort machte er sich an der verschlossenen Tür zu schaffen, aber anscheinend waren wir wieder zu spät.

»Okay. We are too late. But don't worry, I have another ... Follow me!«

So zogen wir unsere Kreise durch Kocevje. Der krumme Kerl mit seiner Plastiktüte vorneweg, Sirius, Mo und die Hunde brav hinterher. Schließlich endete unsere Stadtführung vor dem verschlossenen Tourist-Office.

»I'm sorry. It's closed. But we can ... Maybe... Follow me!« Mo stoppte ihn.

»I think we need a break!«

Schwitzend bedankte ich mich für sein Engagement und den wundervollen Sightseeing-Trip durch die Straßen seiner Stadt. Der Kiosk, der Kindergarten, das Tourist-Office – unvergesslich.

»It's no problem. You are welcome!«

Erwartungsvoll stand er da und grinste.

»Ich glaube, er will sein Bier«, sagte Mo.

»Oh yes, not bear, but beer!«, lachte er glucksend.

Ich gab ihm drei Euro, mit denen er wieselflink im nächsten Supermarkt verschwand.

Indessen hielten wir weiter Ausschau nach einem Einheimischen, der uns den entscheidenden Wink des Schicksals verpassen würde.

»Da vorne der vielleicht, der sieht schon aus wie ein Bär«, sagte Mo und wies auf einen drollig aussehenden, untersetzten Mann mit

abstehenden Krusselhaaren.
»Vielleicht nicht wie ein großer Wilder, sondern eher wie ein dicker, freundlicher Tanzbär«, lachte ich und sprach ihn an.
Leider sprach der Tanzbär weder Deutsch noch Englisch. Aber er wusste, was wir wollten und war mit Begeisterung bei der Sache »Medved? Medved! Ja, ja, ja!!!«
Er sann kurz nach, dann formte er seine knubbeligen Hände zu gefährlichen Tatzen, begann zu brummen und lief einen tollpatschigen Kreis im Radius von einem Meter. Als er sah, dass uns dies gefiel, ließ er noch mehrere Ehrenrunden folgen. Kein Zweifel: Er war ein Tanzbär! Bald tanzten wir gemeinsam den Bärenkreis und riefen: »Medved! Medved!«, während Dana rhythmisch bellte.
Wir lachten und klopften uns auf die Schultern, dann tapste unser Tanzbär weiter und wir blieben genauso ratlos zurück wie zuvor. Erstmal Mittagspause.

Als wir gerade beim Essen in unserer fahrenden Hundehütte (der Bus roch mittlerweile tatsächlich so) saßen, schaute plötzlich ein jugendliches, leicht verstrahlt grinsendes Gesicht durchs offene Wohnmobilfenster. Schulterlange blonde Haare, dunkler Milchbartansatz und eine dem Narrenkraut nicht abgeneigte Aura.
»Your car is so cool, man! Can I come inside?«
Eine nette, spontane Selbsteinladung. Sehr sympathisch. Natürlich durfte er rein.
»I have two beers. We can share!«
Die Dosen ploppten und Tim, wie er sich vorstellte, entpuppte sich als lustiger Zechbruder. Er sang in einer Band und dürstete nach der großen, weiten Welt jenseits Kocevjes. Während wir uns mitten in jener wähnten, so war für ihn hier zur gleichen Zeit, am gleichen Ort der Arsch der Welt. Dass es hier Bären in den Bergen gab, war für ihn ganz selbstverständlich. Er konnte kaum glauben, dass es im ganzen großen Deutschland nicht einen einzigen gab.
Sein Handy klingelte. Mama war dran, es gab Essen. Der kleine

Timmi lud uns ein, mit ihm nach Hause zu kommen und an der Mahlzeit teilzunehmen. Selbstverständlich sagten wir da nicht nein. Ein zweites Mittagshäppchen würde in unseren dürren Halunkenleibern sicher noch ein Plätzchen finden.

Tim lotste uns zu seinem Wohnblock. Die Hunde warteten im Wagen, während wir die Treppen hochstiegen, um schon in der Eingangstür von Mutter begrüßt zu werden. Diese sah allerdings ganz anders aus, als wir sie uns am Nudeltopf vorgestellt hatten. Sofort nahmen wir Haltung an. Souveräner Gesichtsausdruck und Schultern gerade. Sie war ein richtig heißer Feger!

Während wir am Tisch Platz nahmen, wuselte sie geschäftig hin und her. Sie trug ein dünnes, weißes Kleid und es war kurz, genauer gesagt, sehr kurz und noch kürzer. Als ihr das Salatbesteck aus der Schüssel fiel und sie es, uns abgewendet aufhob, merkten wir, wie lange wir doch schon unterwegs waren. Wir warfen uns einen ‚Männergeheimblick' zu, dann sahen wir wieder auf Mutters Hintern. Den nächsten tiefen Einblick bekamen wir, als sie uns die Spaghetti auftat. Mo und ich wurden langsam nervös, während Tim zufrieden grinsend die Pasta in sich hineinschaufelte. Was war hier los? Das war doch Absicht! Wollte die früh verwitwete Mom Trost bei zwei Herumtreibern suchen?

Ein schrilles Klingeln riss uns aus unseren sündigen Gedanken. Mom öffnete und kurz darauf schaute ein riesiger Mann in die Küche. Er war etwa Anfang fünfzig, mit breiten Schultern und ebensolchen Geheimratsecken. Grimmig sagte er so etwas wie ‚Hallo', dann verschwand er, um kurz darauf wieder aufzutauchen: nur noch mit Unterhose und Hausschuhen bekleidet.

»That's my dad!«, sagte uns Tim, während der Riese unsere zarten Riesennasenkünstlerhände drückte.

»We are Mohammad«, wimmerte ich,
»Und Christian«, stöhnte Mo.
»Also umgekehrt«, verbesserte ich.
»Ah«, brummte Dad.

Was hatten Mom und Dad mit uns vor? Und welche Rolle spielte der breite Sohn dabei? Ich bekam das nicht zusammen. Also aßen wir einfach unauffällig weiter.

Nach der zweiten Portion Pasta entspannten wir uns ein wenig. Mom und Dad schienen sich einfach nur zuhause zu fühlen. Eine ganz normale Familie, mit einer kochenden Mutter, einem von der Arbeit kommenden Vater und einem breiten Sohn, an einem viel zu heißen Tag. Schade und Gott sei Dank auch.

Dad zeigte sich der deutschen Sprache mächtig und wurde mit jedem Feierabendbier, das er in seinen Hünenkörper schüttete, immer lockerer. Wir erzählten ihm, dass wir von den deutschen Pfadfindern kämen, um eine Reise für unsere Jugendgruppe namens ‚Bärenhorst' vorzubereiten. Er mochte ‚Deutscheland'. Im Mittelalter waren in Kocevje und Umland Deutsche angesiedelt worden, erklärte er. ‚Mooswald' war der alte Name der Stadt, später dann ‚Gottsche'.

Als der kulturgeschichtliche Teil endlich abgehandelt war, kam Dad zu dem Thema, das uns wirklich interessierte. Wie kleine Jungs vorm Sandmännchen hingen wir an seinen Lippen. Er erzählte uns von den Bären in den Wäldern um die Stadt und dass es normalerweise keine Probleme mit ihnen gäbe. Bär und Mensch würden sich gegenseitig aus dem Weg gehen. Alles gut. Keine Angst. Dann aber kratzte er sich an der Unterhose, senkte die Stimme und lehnte sich auf den Tisch, so dass unser Gesichtsabstand nur noch lediglich zwei Riesenkünstlernasenlängen betrug.

»Aber da war eine Frau, letzte Jahr, suchen Pilze. Dann weg. Viele Leute suchen. Drei Tage später finden Frau. Halb in Erde gegraben. Bär hat halbe Frau gefressen. Dann verstecken in Erde. Kommen später wieder, noch mehr fressen von Frau.«

»Wow …«, sagte Mo, während Mom ihm ein weiteres Mal den Teller füllte.

»Aber sonst, keine Problem mit Bär.«

Dad musterte uns genau, so als wollte er feststellen, ob wir immer noch darauf aus waren, einen Bären zu finden. Mo konzentrierte sich auf seine Spaghetti, während ich verlegen an meinem Glas nippte. Dann sprach er weiter.

»Ach ja und Männer, arbeiten im Wald. Bär kommen. Männer sitzen in Auto, werfen Essen aus Fenster für Bär. Nächste Tag wieder. Bär kommen, Männer geben essen. Dritte Tag, Bär kommen wieder, aber Männer keine Essen. Bär aber Hunger. Machen Auto kaputt. Türe. Reifen. Fenster. Alles kaputt. Männer Angst, müssen gehen Tod.«

Mo und ich warfen uns einen verstohlenen Blick zu. Wollte uns Dad nur Angst machen oder sollten wir tatsächlich welche haben?

»Und wollen gehen sehen Bär?«, fragte er uns mit herausforderndem Blick. Ein einstimmig kleinlautes:

»Ja, klar ...«

Er lachte laut und klopfte mir auf den Oberarm, so dass ich fast vom Stuhl gefallen wäre. Dann sprach er in feierlichem Ernst:

»Wenn ihr wollt gehen in Wald, wo vielleicht finden Bär, dann müssen gehen Rog!«

Er sagte etwas auf Slowenisch, woraufhin Mom verschwand um gleich darauf mit einer Karte wiederzukommen. Dad nahm sie, breitete sie auf dem Tisch aus und deutete mit seinem bockwurstdicken Zeigefinger auf einen großen, grünen Fleck östlich der Stadt. Ein weitläufiges Gebiet ohne menschliche Siedlungen. Berge, Täler und Wald, überall Wald. Dann deutete er auf eine Straße, auf der wir weit hinausfahren sollten, tief in die Wildnis. Dort gäbe es Bären und Wölfe, vereinzelt auch Luchse.

»Was glaubst du – werden wir Bären oder Wölfe zu sehen bekommen?«, fragte ich den Riesen in Unterhose.

»Ich nicht weiß. Bär sehr vorsichtig.«

»Wir versuchen einfach unser Glück!«

»Aber passen auf! Kann sein gefährlich!«

»Gefährlich?«, wiederholte ich fragend.

»Können verschwinden da. Verlaufen. Viele Berge, viele Täler, keine Leute. Keine Essen. Keine Handynetz. Können Tage laufen.

Finden keine Weg zurück.«

Schweigen im Raume. Eine dramatische Pause, bis Dad fortfuhr: »Und dann kommen Wolf und Bär ...«

Zu unserem bärigen Abenteuerkribbeln hatte sich längst ein mulmiges Gefühl gesellt, das nach genau jenem Satz endgültig die Oberhand gewonnen hatte.

»Rufen an, wenn ihr kommen zurück. Nach drei Tagen ich schicken Leute suchen euch.«

Er schrieb seine Telefonnummer auf einen Zettel und schob ihn über den Tisch. Das fühlte sich dramatisch an. Wollte er uns bloß Angst machen oder war es berechtigte Sorge?

»Viel Gluck!«

Damit stand er auf. Wir folgten seinem Beispiel, ließen uns nochmal die Hände quetschen, bis uns die Augen tränten und verabschiedeten uns vom dauerbreiten Tim und seiner sexy Pasta-Mom mit vielen Dankesworten.

Als wir vom Parkplatz stadtauswärts fuhren, konnten wir endlich unserem Wahnsinn freien Lauf lassen. Wir brüllten und hampelten:

»Müssen gehen Rog!«

»Finden keine Weg zurück!«

»Dann kommen Wolf und Bär!«

Angst-Grimassen schneidend und mit irren Blicken um uns werfend fuhren wir unserem Schicksal entgegen. Wir wollten es wissen. Jetzt mussten wir gehen Rog. Die Sonne verkroch sich langsam in jenem Wald, in dem auch wir verschwinden würden. Die weiße Schotterpiste zog uns immer tiefer ins dunkler werdende Gebirge. Es gab kein Zurück.

XIII.

Tief im Walde zwischen Moos und Farn

»Wahrlich, zwischen Moos und Farn, in Fels und morschem Holz, da gibt es Dinge, die es eigentlich nicht geben dürfte.«

Christian Sternseher

Wir waren noch nicht weit gefahren, als wir am Wegesrand eine düstere Statue entdeckten. Aus Holz geschnitzt, wie ein Totempfahl sah sie aus. Ein leidendes Gesicht, obendrauf ein Kreuz. Was hatte sie zu bedeuten? Bald kam die nächste und sie war nicht weniger unheimlich. Je weiter wir fuhren, umso mehr von diesen unheilvollen Zeichen tauchten auf. Die schaurigste war ein riesiges Kreuz mit einem Jesus, der eher einem Höllenknecht als einem Himmelssohn glich. Die düstere Ausstrahlung der Holzfiguren schien durch den Bus bis in unsere Herzen hineinzukriechen und machte sie klamm.

»Hast du ‚Blair witch project' gesehen?«, fragte ich Mo.

»Scheiße, ich glaub schon ...«

In einer kleinen Parkbucht hielten wir an und stiegen aus. Die Bäume waren schön, stattliche Buchen und überall die weißen, meist dicht bemoosten Karstfelsbrocken, die zwischen die Stämme gewürfelt waren, als hätten riesige Trolle Kniffel gespielt.

Dana entdeckte einen schmalen Pfad und Wolfi folgte ihr. Ich schlug die Bustür zu und auch wir schlossen uns an. Das dichte, grüne Laubdach ließ nur wenig von dem schütter gewordenen Tageslicht auf unseren Weg fallen. Totenstille. Kein Vogel sang.

Wie eine Erscheinung aus dem Nichts tauchte zwischen den Bäumen ein rundes Monument auf. Säulen trugen das wandlose Kuppeldach. Mucksmäuschenstill traten wir ein. Auf den Innenseiten der Säulen sahen wir geflieste Mosaike. Sie zeigten Totenschädel und einen finsteren Mann mit Kutte. An der Decke war ein Bild von halb nackten Männern zu sehen, die in den Himmel aufstiegen. Links und rechts davon flatterten eine slowenische und eine kroatische Flagge.

»Mo?«
»Sirius?«
»Ist das hier alles echt?«
»Berechtigte Frage. Keine Ahnung. Was heißt schon echt?«

Wir verließen das unheimliche Ding wieder und folgten weiter dem Pfad, den Dana uns wies. Bald kamen wir zu einer tiefen Senke, in der ein großer Spalt klaffte.

»Das Tor zur Hölle«, sagte ich mit gruseliger Stimme.

Zweifelsohne war es ein Höhleneingang. ‚Jama Pod Krenom' stand auf einem Schild geschrieben. Höhlen waren hier nicht selten, wie wir seit unserem Postojna-Trip wussten. Alleine in Slowenien soll es über zehntausend geben. Aber irgendetwas Seltsames musste es mit dieser Höhle auf sich haben – und zwar definitiv nichts Gutes. Die Stimmung in diesem Wald war wie auf einer Beerdigung.

»Da drüben!« Mo zeigte zwischen zwei Buchen hindurch. Da sah auch ich den alten Mann, der auf seinem Stock gestützt hinunter in das finstere Loch starrte. Neben ihm stand ein jüngerer, vielleicht sein Sohn. Gemeinsam legten sie einen Kranz nieder. Wir kamen näher, gingen einen respektvollen Bogen um die Männer und stießen auf eine Informationstafel, welche in drei

Sprachen die traurige Geschichte dieses Ortes erzählte.

Nach dem Ende des zweiten Weltkrieges waren slowenische und kroatische Kriegsgefangene, welche für den Nationalsozialismus gekämpft hatten, zurück in ihre Heimat gebracht worden. Doch man ließ sie nicht frei. OZNA, die Befreiungsarmee Sloweniens, beschloss, viele von ihnen zu exekutieren. Nachts wurden sie mit Lastwagen in die Berge des Kocevski Rog gefahren – und dort erschossen. Hunderte von Männern. Ihre Leichen warf man in die Höhlen, von denen Pod Krenom nur eine ist. Bis heute sind nicht alle Toten gefunden worden.

Wie eine nie verheilte Wunde klaffte der Riss in der Erde, um ihn wuchsen Farne. Ein Tor zum Totenreich. Ein Tor zu den Abgründen des Menschen, der mit Gesetzen und Religionen Morde rechtfertigt, durch die Geschichte hindurch bis heute, überall auf der Welt.

Es fiel uns nicht ganz leicht, uns aus der Starre dieses beklemmenden Ortes zu lösen, aber hier bleiben wollten wir auf keinen Fall. So schüttelten wir uns ordentlich, ließen uns von der hündischen Leichtlebigkeit anstecken und tollten ein paar Runden um den Bus, bevor wir wieder einstiegen und weiterfuhren, immer tiefer in die Wälder hinein.

Mit Adleraugen spähte ich zwischen die dichten Baumreihen. Nach Dads Geschichten musste es hier von Bären ja nur so wimmeln. Drei Mal rief ich:

»Stopp Mo! Ich glaube da war einer!«

Doch ein jedes Mal, als ich zur näheren Prüfung der Situation ausgestiegen war, fand ich statt eines Braunbären nur einen verrottenden Baumstumpf oder einen bemoosten Stein vor. Dafür standen plötzlich Hirsche auf der Straße. Wie aus dem Nichts waren sie aufgetaucht und genauso schnell wieder verschwunden.

Große, graue Eulen zeigten sich und drehten ihre Köpfe nach dem grünen Ungetüm, das laut röchelnd die Stille ihrer Welt zerschnitt. Schnell wurde es dunkel, während die Straße sich in endlosen Schleifen das Gebirge hinaufwand. Endlich öffnete sich der Wald ein wenig und wir kamen auf ebenes Gelände. Dort stellten wir uns neben die Piste und schalteten den Motor ab. Genug für heute. Wir würden im Bus übernachten und morgen früh zu Fuß in den Wald ziehen.

In dieser Nacht kam wieder ein Bärentraum zu mir:
Ich wanderte mit einer Gruppe von Menschen eine schmale Straße hinauf. Es war Bärenland. Bald entdeckte ich Spuren und zeigte sie den Kindern. Während die Gruppe schon vorausgegangen war, kamen plötzlich mehrere Bären den bewaldeten Hang hinab. Ich fürchtete mich und wollte mich in Sicherheit bringen. So ging ich durch ein Tor, welches ich sofort hinter mir schloss. Durch ein Loch im Holz konnte ich hinausspähen und erblickte einen weißen, einen schwarzen und einen braunen Bären. Der weiße Bär kam ans Tor. Ich war mir gewiss, dass er mir nicht weiter folgen konnte. Doch dann sah ich einen handbreiten Spalt, durch den er sich hindurchzwängte. Nun war er in meinem Schutzraum und kam mir ganz nahe. Ich wusste, ich musste ruhig bleiben. Immer weiter atmen und ruhig bleiben. Sein riesiger Kiefer griff nach meinem Oberschenkel. Ich machte mich auf den Schmerz gefasst, doch er biss nicht zu. Stattdessen blickte er mir in die Augen, tief und tiefer, bis in mein innerstes Selbst.

Als ich die Spannung nicht mehr ertragen konnte, wachte ich auf. Die letzte Eule rief und die ersten Vögel sangen schon. Wenig später stand das Bärenexpeditionsteam geschlossen zum Abmarsch bereit. Rajhenavski Rog hieß unser Ziel. Ein Buchenurwaldschutzgebiet. Mit großen Schritten marschierten wir los. Auf in den Wald der Bären und der Wölfe!

Unseren Weg markierte ein an Baumstämme gezeichneter Bärenfußabdruck. Grün auf weißem Hintergrund. Zunächst aber war da kein Urwald. Es gab aufgeworfene Baumstämme und Spuren von schweren Kettenfahrzeugen. Hier wurde fleißig Forstwirtschaft betrieben. Genau wie bei uns zuhause im Pfälzer Wald. Und trotzdem gab es in den Rogwäldern eine stattliche Bärenpopulation. Von wegen Bär, Wolf und Co. können nur in unberührter Wildnis leben. Wir fanden eine Infotafel, auf der in lustigen Bildern dargestellt war, was man auf jeden Fall beachten sollte, um sich keinen Ärger mit dem König des Waldes einzuhandeln:

1. Keine für Bärennasen verlockend duftende Dinge im Nachtlager horten. Auf der Suche nach einem Schokoriegel konnte so ein menschlicher Kopf schon mal im Weg rumliegen und unsanft beiseite gerollt werden.

2. Bello besser an der Leine führen. Ansonsten könnte ein wildernder Hund schnell vom Jäger zum Gejagten werden. Man stelle sich vor, Bello rast selbstbewusst bellend ins Unterholz, um gleich darauf winselnd wieder daraus hervorzuschießen, mit einem stinksauren Vier-Zentner-Bären im Nacken! Nichts wie ab zu Herrchen, der passt schon auf mich auf, denkt sich Bello, während Herrchen denkt: Gute Nacht!

3. Immer laut reden und sich bemerkbar machen, damit der Bär gewarnt ist und es zu keiner unvorhergesehenen Gegenüberstellung kommt.

Punkt 1 und Punkt 2 leuchtete uns ein, Punkt 3 widersprach unserem Anliegen. Also war von nun an Schweigen oder Flüstermodus angesagt. Das fiel uns nicht schwer, sollten wir doch bald eines der atemberaubendsten Waldgebiete betreten, das wir je gesehen hatten.
Zunächst staunten wir über eine riesige Tanne, mit einem Stammdurchmesser von fünf und einer Höhe von über fünfzig Metern. Nicht weit von ihr fanden wir einen großen Schädel mit Hörnern. Zweifellos gehörte er einmal einer Kuh oder einem Ochsen. Es lagen noch mehrere dazu passende Knochen herum. Anbei stand ein Hochsitz und an einem Baum waren alte, vernarbte Kratzspuren von

mächtigen Klauen zu sehen. Es bestand kein Zweifel: Hier waren Bären gejagt worden. Man hatte ein totes Rindvieh aufgehangen, dessen Aasgeruch sie von nah und fern anlocken sollte. Das sogenannte Ludern ist eine Köderungsmethode, um möglichst kapitale Exemplare vor die Flinte zu bekommen. Mittlerweile ist diese Jagdmethode in Slowenien allerdings verboten. Nach ein paar Kilometern veränderte sich der Wald auf spektakuläre Art und Weise. Man musste kein Biologe sein, um das zu bemerken. Selbst ein Blinder könnte es spüren. Es herrschte ein anderer Geist zwischen den Kronen und Wurzeln und dieser Geist war fühlbar. Auch die Hunde nahmen in wahr. Weder Dana noch Wolfgang wollten mehr vorneweg rennen oder zu weit vom Pfad abkommen. Hoch aufschießende Buchenstämme, ein Geflecht von Ästen, welches das grüne Laubmosaik zusammenhielt. Nur wenige Flecken des grauen Himmels blieben übrig. Überall zwischen den steinernen Würfeln gab es Baumruinen in allen Zerfallsstadien. Wie düstere Waldgeister schauten sie uns aus leeren Augenhöhlen an, in denen die Fledermäuse wohnten. Gewaltige Stämme lagen in modrig-würzigem Duft verströmender Erde, wie die gestürzten Säulen eines längst vergangenen Königreiches. Riesige Zunderpilze waren auf das tote Holz gehext und wie Elfentürme standen die im Tode noch stolzen Buchen aufrecht. Aber was heißt in einem geschlossenen Kreislauf schon tot? Leben war hier überall in Hülle und Fülle und das meiste in jenen Bäumen, die ihr eigenes Leben längst verloren hatten. Spechte hatten unzählige Löcher in die morschen Stämme gehauen, Fraßgänge von Käferlarven maserten das bleiche Holz. Pilze, Moose und Flechten bemalten es. Alles fand Heimstatt in diesem Kreis, wo Werden und Vergehen, wo Leben und Tod wechselseitig ineinander übergehen.

Zwischen den riesigen Wurzelarmen, die so unendlich kraftvoll in die Erde griffen, waren kleine Höhlen zu sehen. Eingänge zu einer unterirdischen Welt im Wurzelreich, unberührbar für den Menschen. Hätte ein kleiner Kopf mit roter Zipfelmütze daraus hervorgeschaut, hätten wir uns wohl kaum mehr gewundert, als wir es bereits taten. Welch Pracht, welch Schönheit, welch Urwuchs! Welch majestätisches Werk der Schöpfung! Ein echter Wald, mit Bäumen aller Generationen. Vom Keimling bis zum hunderte von Jahren alten Baumveteranen, bis hin zu den sterbenden Greisen und den toten und doch so voller Leben erfüllten Körpern der gestürzten Bäume. Dies also war der Wald!

Mit einem Mal fühlten wir beide die traurige Gewissheit, dass wir uns bisher meist nur in Baumplantagen bewegt hatten. Die allermeisten Bäume wurden gefällt, bevor sie wirklich erwachsen werden konnten, geschweige denn alt. In einem Urwald stehen die Baumgenerationen selbstverständlich beieinander. Jugend und Alter, Leben und Tod sind nicht getrennt.

»Wie unser Wald, so auch unsere Gesellschaft. Hier die Jungen, dort die Alten«, dachte ich laut. Doch dieser Wald, wie er einst fast ganz Europa bedeckte, gibt ein Beispiel vom Geben und Nehmen, vom lebendigen Durcheinander von Jung und Alt, in all seiner Dynamik und wunderbaren Fülle.

Mo klopfte mir auf die Schulter. Er zeigte auf den Boden. Dort kroch ein überaus wundersamer Hundertfüßler um seinen Schuh herum. Länger als meine Nase, rötlich-braun, mit zwei gelben Punkten auf jedem seiner Glieder, ebenso gelb sein Kopf.

»Der hat bestimmt schon viele Bären gesehen.«, sagte Mo.

Im selben Moment hob ich meinen Kopf und hielt die Luft an. Ich tippte Mo wie wild auf die Schulter.

»Was ist, Sirius?«

»Vergiss deinen albernen Hundertfüßler. Da drüben!«

Und Mo sah ihn auch. An einem großen Moosstein sitzend, halb vom Stamm einer Tanne verdeckt. Braun. Wir pirschten vorsichtig näher. Die Kamera im Anschlag. Wolfi und Dana verhielten sich professionell: Ruhig und abwartend.

»Besser nicht zu nahe ...«, flüsterte ich.

Mo machte einen langen Hals. Dann trat er aus der Deckung.

»Sirius!« sagte er laut.

»Pssst!« Wild fuchtelnd versuchte ich den Anfänger wieder in Deckung zu winken.

Der aber ging noch zwei Schritte vor.

»Das ist kein Bär. Das ist wieder einmal nur ein Baumstumpf!« Ich kroch noch ein paar Meter weiter vor, dann musste ich ihm leider Recht geben. Wahrscheinlich war ich schon nicht mehr Herr meiner Sinne, vor lauter Bärenträumen und Bärensuchen.

»Aber wer weiß, an wie vielen Bären wir schon vorbeigelaufen sind, wo wir dachten, dass es nur Baumstümpfe oder Erdhügel sind!« Es war ein gut gemeinter Versuch von ihm, mich zu trösten. Meinen Bärenseh-Wahn machte es allerdings nicht besser. Hinter jeder Ecke wähnte ich ihn. Und das fühlte sich gut an. Andächtig schlichen wir den ganzen Tag durch die heiligen Hallen Gevatter Bärs, der überall spürbar war, sich jedoch niemals zeigte.

Als es zu dunkeln begann, war es an der Zeit, unser Nachtlager aufzuschlagen. Zwei nebeneinander gelegene Vertiefungen boten sich an. Runde Tobel, ein jeder vielleicht zehn Meter im Durchmesser. Den linken oder den rechten? Ich war für links, Mo für rechts. Schnick Schnack Schnuck, Mo Stein, ich Brunnen, Stein fällt in den Brunnen und wir stiegen in den linken.

Kaum hatten wir dort unser Tarp aufgespannt, krachte es laut. Wir zuckten zusammen und zogen die Köpfe ein. Mit Riesengetöse schlug ein morscher Ast ein. Gottseidank in den rechten Tobel. Der hätte gereicht, um uns für immer in den wohlduftenden Humus dieses Waldes eingehen zu lassen. Eine gute Art recycelt zu werden, 100 Prozent Bio. Und sicherlich auch nicht der schlechteste Platz, um die Form zu wechseln. Allerdings definitiv der falsche Zeitpunkt. Wir hatten noch ein Date.

Da wir aber nicht unbedingt darauf aus waren, es mitten in der Nacht zu haben, zogen wir unseren Proviant an einem Seil hoch, bis er in etwa vier Metern Höhe an einem Ast baumelte. Bärensicher, so wie wir es aus dem Fernsehen kannten. Bald darauf brannte unser Feuerlein. Ein kleiner Funke, um ihn her finsterste Nacht, gebettet in tiefste Stille. Die Hunde räkelten sich gemütlich und auch wir fühlten uns prächtig. Die beiden tapferen Trapper Mo und Sirius mitten im Herzen der Wildnis. Drumherum, verborgen im schwarzen Mantel der Urwaldnacht, lauerten die Bären, die Wölfe und die Luchse. Ein prickelndes Einschlafgefühl.

Immer wieder wachte ich auf und lauschte auf das kleinste Geräusch. Obwohl unser bescheidenes Bündel wohl nicht mal einer hungrigen Maus Magenknurren bereiten würde, erwartete ich doch irgendwie, dass sich ein nächtlicher Besucher dafür interessieren könnte. Als ich zum zirka siebenundachtzigsten Mal die Augen aufschlug, war es bereits hell. Fast war ich ein bisschen enttäuscht. Die Raubtiere schienen auch nicht mehr das zu sein, was sie in meiner Phantasie mal waren.

Ich weckte Mo und erzählte ihm meinen Traum.

»Ich bin eine steile Holztreppe hinaufgestiegen. Ganz oben, wo die Treppe im Nichts des Himmels zu enden schien, hing eine rote Mirabelle, verlockend wie die Frucht der Erkenntnis.«

»Und? Hast du sie gegessen?«

»Gute Frage. Ich weiß es nicht mehr. Wahrscheinlich schon.«

Wir hingen den Proviantbeutel ab, verputzten seinen kläglichen Inhalt und marschierten weiter durch den Urwald. Wie lange konnte ich nicht sagen. Zwischen Moos und Farn war uns die Zeit verloren gegangen.

Irgendwann wurde der Wald wieder lichter und wir kamen genau an dem Platz raus, wo wir unseren Bus geparkt hatten. Sogleich verlangte es uns nach einem deftigen Essen, doch im Schrank war nicht viel mehr übrig als ein paar mürbe Chips und ein Döschen Ölsardinen. Hundefutter war auch alle. Vor lauter ‚Müssen gehen Rog' hatten wir vergessen einzukaufen. Was nun? Mit Bärenhunger weiter nach Bären suchen oder unverrichteter Dinge zurückfahren und uns dekadent den Wanst vollhauen? Auf jeden Fall mussten wir Dad entwarnen, damit er keinen Suchtrupp losschickte.

Da schon unsere frühgeschichtlichen Ahnen gerne auf Berge gestiegen waren, um dort einen Wink mit dem göttlichen Zaunpfahl zu bekommen, machten auch wir uns auf den Weg zum Rog-Gipfel. Vielleicht gäbe es dort zumindest Handyempfang.

Etwas lustlos schleppten wir uns hoch. Die Luft war raus, entwichen durch unser Loch im Magen. Eine gefährliche Situation. Da wir beide einen schnellen Stoffwechsel haben, wird es bald kritisch, wenn der Stoff ausbleibt. Die Stabilität unseres sozialen Miteinanders war nicht mehr gewährleistet.

Endlich oben angekommen, fanden wir einen windschiefen Holz-Aussichtsturm vor, wie er in Deutschland niemals TÜV bekommen hätte.

»Da geh ich nicht hoch!«

»Hopp, Sirius, hehr uff! Der hält!«

Und schon war mein Freund Tarzan auf der Leiter.

»Wenn wir eine Vision geschenkt bekommen wollen, müssen wir auch was wagen!«, rief er herunter.

Irgendwie einleuchtend. Zögerlich setzte ich meinen Fuß auf die erste Stufe, der ich schon nicht traute. Als sie hielt, schaltete ich auf den ‚Augen-zu-und-durch-Modus'. Dana und Wolfi schauten uns sorgenvoll hinterher.

Als ich etwas blass um die Nase auf der obersten Plattform angekommen war, sprach ich sehr leise, um keine unnötigen, schallbedingten Schwankungen auszulösen.

»Keine ruckartigen Bewegungen und auf keinen Fall beide auf die gleiche Seite.«

Mein wahnsinniger Kollege machte irgendwelche Hampelmannverrenkungen am morschen Geländer. Ich konnte gar nicht hinsehen. Ich checkte zunächst den Handyempfang. Nichts. Nun gut. Dann wäre die Verbindung nach oben umso besser, sagte ich mir und kramte etwas getrockneten Beifuß aus meiner Hosentasche.

Vorsichtig legte ich ihn auf das marode Geländer der Aussichtsplattform. Das Kraut taugte schon den guten alten Steinzeitmenschen zum Räuchern. Hatte ich zumindest mal gelesen. Ich hielt das Feuerzeug daran und würziger Qualm stieg auf.

»Mögen die Götter und Geister uns den Weg weisen! Allah u Akbar und Halleluja!«

Um unserem Flehen noch etwas Nachdruck zu verleihen, blies ich auf der Blockflöte irgendwie indianisch klingende Tonfolgen übers Land. Und siehe: Plötzlich, wie aus dem Nichts, kam ein Windhauch auf und blies mein qualmendes Häufchen Kräuter vom Turm hinab.

»Oh, Mohammad, mein ungläubiger Freund«, rief ich verzückt. »Wir wurden erhört! Unser Opfer wurde von den Göttern angenommen!«

Mo zog die Augenbrauen hoch.

»Auf einem freistehenden Turm, der sich auf einem Berg befindet, bläst öfter mal ein spontanes Lüftchen.«

»Wenn du nicht dran glaubst, kann es auch nicht funktionieren«, hielt ich trotzig dagegen.

»Stimmt vielleicht. Aber so ein kleines Häufchen qualmender Kräuter ist auch nicht so das große Opfer.«

»Tut mir leid, dass ich keinen Ziegenbock einstecken hatte!«

Da ich Handgreiflichkeiten auf dem Wackelturm vermeiden wollte, ordnete ich den Abstieg an. Wie zwei Räucherschinken duftend kehrten wir zur Erde zurück.

»Und nun?«

Weder hatte sich ein Zeichen in den Wolken gebildet, noch war ein sprechender Vogel erschienen. Unsere Unentschlossenheit war geblieben und auf dem Rückweg zum Basislager verschlechterte sich die Stimmung in unserer Kleingruppe dramatisch. Das beste Rezept dagegen war beiderseitiges, eisernes Schweigen.

Endlich wieder unten, schloss ich den Bus auf, kramte die Landkarte heraus und pfefferte sie auf den Boden. Mit grimmigen Mienen knieten wir darüber und wussten nicht, was wir wollten. Die Karte verriet es uns auch nicht. Noch einmal hungrig durch den Wald zu stiefeln war nicht drin. Einfach so wieder runter nach Kocevje zu fahren schmeckte nach Versagen und Weichei.

Es war zum Haareraufen und als Mo dies tatsächlich tat, fiel plötzlich ein kleines Steinchen aus seiner arabischen Lockenpracht. Mit einem leisen plop landete es auf der Karte. Wir senkten unsere Köpfe tiefer, bis sich unsere Nasen berührten und starrten das Steinchen an. Es lag genau auf einer kleinen Ortschaft namens Koprivnik.

»Das ist es!«, brüllte ich.

»Was ist es?«, erschrak Mo.

»Das Zeichen! Der fallende Groschen. Der Stein der Weisen. Der, der vom Herzen fällt. Den Göttern sei Dank!«

»Du meinst wir sollen …«

»Ich weiß wir müssen!«

Mo grinste von einem zum anderen Ohr.

»Aller hopp: Allah u Akbar!«

»Auf nach Koprivnik!«

Dana und Wolfi sprangen in den Bus. Unser kleiner Stein des Anstoßes war gefallen und wurde zum Impuls für eine Lawine unglaublicher Ereignisse. Knirschend fuhr der Bearhunter an, die Stimmung im Team war wieder blendend. Wir fuhren bergab und folgten dem Zeichen der Götter. Ach ja, und Dad riefen wir auch noch an.

XIV.

Schokolade für den Bären

*‚Wenn im Wald ein Blatt fällt, sieht es der Adler,
hört es der Luchs und riecht es der Bär.'*

Indianisches Sprichwort

Gefühlte 300 Kilometer Schotterpiste weiter sahen wir endlich die Dächer von Koprivnik. Nicht mehr als zwei Dutzend, inklusive Schuppen, Scheunen und kleiner Kirche. Wie ein Raumschiff landete der Bearhunter in der kleinen Häuserzusammenwürfelung hinterm Mond. Wir waren noch nicht ausgestiegen, da hatte sich schon eine Menschentraube gebildet, die uns im Sicherheitsabstand von 30 Metern neugierig beobachtete. Ihre Blicke waren aus der Distanz schwer zu deuten. Waren uns die Eingeborenen freundlich gesonnen oder würden sie ihre bösartigen Kettenhunde nach uns schicken?

Ein dicker Mann und eine dicke Frau lösten sich aus dem Pulk und hielten mit einem unbeladenen Schubkarren genau auf uns zu. Sie schrammten nur knapp am Bearhunter vorbei, der Dicke streifte mit seiner äußersten Speckschicht sogar noch den Außenspiegel. Wie auf ein unsichtbares Zeichen hin drehten beide ihre Köpfe nach links und blickten auf Danas gefletschte Zähne. Wenn es um den

Bearhunter ging, verstand sie keinen Spaß. Kaum waren sie aus unserem Sichtfeld verschwunden, kamen sie auch schon wieder zurück, diesmal auf der anderen Seite, wo sie nur einen schwanzwedelnden Wolfi fürchten mussten. Die Schubkarre war immer noch leer.

Sie kehrten zu ihrer Bezugsgruppe zurück und erstatteten Bericht. Als nächstes schickten sie einen vielleicht zwölfjährigen Jungen vor. Mo und mir wurde klar, dass wir umso verdächtiger erschienen, wenn wir nicht endlich ausstiegen. So saßen wir ab und gingen in geschlossener Formation auf den Jungen zu. Die Sonne stand am höchsten Punkt. High Noon in Koprivnik. Waren wir hier wirklich richtig, oder hatten wir nur einen an der Waffel, von wegen Steinchen vom Kopf gefallen gleich göttliche Fügung? Wir mussten es herausfinden.

»Medved? Medved?«, rief Mo dem Jungen entgegen.

»Understand? Wir Medved suchen. Du wissen wo?« half ich nach. Als wir uns gegenüberstanden sagte er etwas eingeschüchtert:

»Guten Tag, willkommen in Koprivnik. Kann ich Ihnen vielleicht helfen?«

Verdammt. Der Eingeborenenjunge konnte besser Deutsch als wir Englisch.

»Hallo! Wir sind Studenten aus Deutschland und suchen im Rahmen unserer Semesterarbeit nach Bären in Slowenien.«

Der Junge entspannte sich ein wenig.

»Bären? Ja, manchmal ich habe gesehen, weit weg.«

»Wir wollen auch mal welche sehen. Weit weg, oder ganz nah, egal. Kleine. Große. Braune. Schwarze. Rote. Egal. Hauptsache Bären.«

»Wenn ihr wollt sehen Bären, dann geht zu Martin. Ist Jäger. Letztes Haus in der Straße da vorne. Der weiß alles über Bären.«

Wir tätschelten dem Jungen die Schultern und hätten wir welche gehabt, hätten wir ihm ein Stück Schokolade gegeben. Er ging wieder zurück zu seiner Bezugsgruppe und wir machten uns sogleich auf zu jenem Martin.

»Sirius?«

»Al Saffarius?«
»Am besten erzählen wir dem Jäger auch die Studentenstory. Der Verdacht liegt sonst nahe, dass wir Touri-Spinner wären.«
»Vielleicht sind wir das ja?«
»Man könnte es so sehen. Aber man könnte es auch so sehen: Wir sind auf einer spirituellen Reise.«
»Eine spirituelle Reise. Ja, das ist es! Dann sind wir also Eso-Spinner!«
»Das wird sich noch zeigen. Wenn das Leben uns Recht gibt und wir tatsächlich den Bären treffen, sind wir keine.«
»Können wir uns vielleicht auf die Bezeichnung Glückspilze einigen?«
»Glückspilze ... Klingt irgendwie zu passiv.«
»Und Glücksritter?«
»Ich steh nicht so auf Ritter. Die haben uns im Mittelalter ziemlich fertiggemacht.«
Schließlich einigten wir uns auf Glücksschmiede. Das schien uns die richtige Bezeichnung für aktive, gewaltfreie Zufallsgestaltung.
Aber für den Jäger blieben wir natürlich Undercover. Studenten, die nach der transpersonalen Dynamik des Zufallsprinzips in der subjektiv erfahrbaren Realität von Ursache und Wirkung in der irdischen Raum-/Zeitverschränkung forschten. Das klang auf jeden Fall so kompliziert, das es jemand, der nicht Deutsch sprach, nicht verstehen konnte und wohl auch ungern hinterfragen wollte.
Am Hoftor des Jägerhauses ließ uns ein monströses Gebell aus dem Stand drei Meter rückwärts springen. Die Bestie schlüpfte unter dem Tor durch und drehte einen Kreis um uns. Es war ein Kurzhaardackel, der mit einer für seine Rasse viel zu tiefen Stimme ausgestattet war. Das Gefährlichste an ihm war wohl sein ausgeprägter Urinierdrang, welcher ihn veranlasste, sein Beinchen an meinem zu heben.
Wir trauten uns das Tor zu öffnen und gingen durch den Hof zur Haustür. Dort hing ein geflochtener Kranz, in dem ein Plüschbär und ein Mistelzweig befestigt waren. Frohes Fest stand darüber ge-

schrieben. Ein gutes Zeichen. Im selben Moment, in dem ich auf die Klingel drückte, schwang die Tür auf und eine nicht gerade elfenhafte Frau öffnete uns.

»Hello. We are students from Germany and we are here, because ...«, legte Mo los, doch die Hausherrin unterbrach ihn sogleich.

»Ach, ihr seid Deutsche? Ich auch!«, lachte sie und klatschte in die Hände.

Wir klatschten mit und ließen unseren vorbereiteten Spruch doch lieber bei Seite. Raum und Umweltplanung, Uni Landau, Raubtiere in Siedlungsnähe. Das reichte, um uns einen Platz im wuchtigen Holzpavillion zu sichern. Sie verschwand im Haus, kam mit Getränken wieder und brachte auch gleich den Jäger mit. Ein stattlicher Kerl, groß, weit über zwei Zentner schwer. Ein rotwangiges, gutmütiges Gesicht unter den schwarzen Haaren, grau meliert. Was nicht so recht zu ihm passen wollte, war das kleine Chihuahua-Hündchen auf seinem Arm. Unablässig und gierig schleckte es ihm im Gesicht herum.

»So, ihr sucht Bären? Bären suchen sie, Picasso, hörst du?«

Picasso wedelte noch etwas schneller mit seinem Schwänzchen und schleckte was das Zeug hielt.

»Picasso wissen Bären. Picasso ist Bluthund!«

Wir lachten höflich über den kleinen Scherz.

»Picasso keine Angst. Gute Nase. Finden angeschossene Tiere. Auch Bären. Ja, Picasso?«

Es war sein voller Ernst. Seit der Dackel mit der versoffenen Stimme im Altersruhestand war, hatte Picasso seinen Job. Dachte ich immer, diese Fußhupen wären reine Schoßhündchen von reichgeheirateten Schaufenster-Tussis, so erfuhr ich nun, dass sie in ihrer mexikanischen Heimat zur Jagd auf Kleintiere gehalten wurden. Aber Bären zählen wohl eher nicht dazu.

Martin erzählte uns bei einem Riesenglas Wein von seiner Jagd. Mit leuchtenden Augen, begeistert wie ein kleiner Junge, der voller Faszination und Bewunderung für die reiche Tierwelt seiner Heimat war. Als vom Staat bezahlter Berufsjäger war es eine seiner Aufgaben, mit Trophäenjägern aus West- und Mitteleuropa auf Bärenjagd zu gehen. Wirklich glücklich damit schien er nicht zu sein.

Seine Frau brachte ihm einen Stapel Fotos, die er auf dem Tisch ausbreitete. Zu sehen gab es Bären. Erschossene Bären. Ein trauriger Anblick. Über ihnen posierten die ‚glorreichen' Schützen, die sie aus dem Hinterhalt für viel Geld abgeknallt hatten. Zu einem der Fotos erzählte uns Martin, wie ein reicher Österreicher sich einen Bärenabschuss gekauft hatte. Er war angereist, um mit dem Jäger auf den Hochsitz zu steigen, von wo aus er den angefütterten Bären hinrichten konnte. Dabei musste er wohl Nervenflattern gehabt haben. Er traf den Bären nicht richtig. Schwer verwundet floh er. Martin rief zwei seiner Kollegen zu Hilfe, um den 300-Kilogramm-Koloss aufzuspüren und zu erlösen. Eine lebensgefährliche Aufgabe. Kein Hochsitz und ein Raubtier in Todesangst. Picasso führte die Männer zu dem Gesträuch, in dem der Bär lag. In Todesangst griff er an. Martin und seine Männer töteten ihn mit vier Schüssen. Ein riesiges Tier, schön und würdevoll, lag in seinem Blut, für zehntausend Euro.

»Ein widerliches Geschäft.« brummte ich.

»Wir müssen machen, um schützen Bären.«

»Wie bitte???«

Das konnte nicht sein Ernst sein. Wütend schaute ich ihn an. Doch Martin blieb fröhlich. Picasso löste sich von ihm, wuselte über den Tisch und entdeckte meine Nase für sich. Die hochwahrscheinlich größte, die ihm jemals vor die Zunge gekommen war. Martin schenkte mir und sich Wein nach, dann erklärte er mir, wie es in Slowenien mit der Bärenjagd lief.

»Leute zahlen viel Geld für Bären. So Staat schützen Bären vor Wilderei. Strenge Gesetze. Im Jahr wir müssen schießen 120 Bären.«

Ich konnte nun besser verstehen, was Martin meinte. Doch ich wusste auch, dass wenn Geld im Spiel ist, stets Habgier und Maßlosigkeit nicht weit sind. Als Martin mir dann noch erzählte, dass der geschätzte Gesamtbestand der Bären Sloweniens bei geschätzten

450-500 Tieren lag, ging mein Bild von der heilen Bärenwelt Sloweniens flöten. Wenn man dann noch die Bären dazurechnete, die dem Straßenverkehr zum Opfer fallen, ist man schnell bei einem Drittel der Population! Fatal. Eine Bärin bekommt nur alle zwei bis drei Jahre zwei bis drei Junge. Viele Jungtiere sterben. Fragwürdig ist auch die Tatsache, dass Slowenien ein EU-Land und in der EU der Bär streng geschützt ist. Aber dafür gibt es dann ja die Sonderregelungen. Für jeden wie er sie braucht. Trotz allem: In Slowenien gibt es noch und gab es immer Bären. Sie wurden nie ausgerottet. Die Menschen leben mit ihnen. Werden Schafe gerissen, was ab und an vorkommt, gibt es Entschädigung vom Staat.

Martin berichtete uns vom neuen Ökotourismus-Trend. Leute kamen und zahlten Geld, um Bären zu sehen. ‚Bearviewing' hieß der Spaß. Einen Abend durften die Touristen auf einem speziellen Hochsitz Platz nehmen und dort auf Bären warten, die zu der extra eingerichteten Futterstelle kommen. Wieso muss man einen erschießen, um sich ihm nahe zu fühlen? Dort zu sitzen und ihn einfach zu beobachten, den wilden König des Waldes, erschien mir doch umso vieles größer.

Mo und mir ging ein Lichtlein auf. Konnten nicht auch wir so eine Futterstelle einrichten, einen schönen Knochen auslegen, Dana und Wolfi davon fernhalten und gemütlich in sicherer Deckung auf den Bären warten? Als hätte Martin unsere Gedanken gelesen, erzählte er uns, wie neulich zwei Franzosen auf die gleiche Idee gekommen waren.

»Bauen Zelt auf. Streuen Futter auf Wiese und warten auf Bär. Ich mit Fernglas beobachten. Dann kommen, brummen wie Bär. Franzosen Angst. Ich sagen: Verschwinden, ganz schnell!«

Darauf trank er noch ein Schlückchen Wein, stellte das Glas zufrieden vor sich hin und lehnte sich zu uns vor:

»Morgen ist Hochsitz frei. Wenn ihr wollen, ihr können sehen Bären.«

»Whaaat?«, riefen wir einstimmig.

Mir wurde kurz schummerig. Das war grandios. Der Sechser im Bärenlotto! Ja, barmherziger Sankt Martin, ja! Und wie wir wollten! Kurz darauf tanzten wir vor den Augen der staunenden Koprivniker jubelnd über die Straße Richtung Bearhunter.

Wir ließen Dana und Wolfi raus und sie tollten ausgelassen mit uns, nicht fragend, warum. Hauptsache gute Stimmung im Rudel. Dann schwangen wir uns in den Wagen und tuckerten Richtung Kocevje. Einkaufen. Essen. Reichlich und lecker. Die Sonne sank orangegolden wie am Ende eines guten Heldenfilmes. Die Landstraße trug uns der Riesenapfelsine entgegen, selbstverständlich begleitet von guter Musik. Die Erfüllung unserer heiligen Mission war zum Greifen nahe.

Im Supermarkt trafen wir unseren Reiseführer mit den Plastiktüten wieder, kauften ihm zur Feier des Abends ein Bier und fuhren anschließend hinaus vor die Stadttore. Dort gab es einen herrlichen See, wo es sich gut campieren ließ. Mit vollen Bäuchen lagen wir noch lange wach, aufgeregt wie kleine Jungs am Abend vor Weihnachten.

Der glorreiche Tag wurde ein heißer und jeder schlug ihn auf seine eigene Weise tot. Musizierend, jonglierend, sinnierend oder einfach vor sich hindösend. Ab und an ein kleines Bad im tiefen Blau, garniert mit weißen Schwänen. Wir hatten es auch nötig. Heute Abend wollten wir hellwach und frisch gewaschen dem Bären Auge in Auge gegenübertreten.

Als die Sonne endlich im Westen stand, bestiegen wir den Bearhunter für den großen Ritt zur Entscheidungsschlacht in Koprivnik, dem kleinen Dorf am Ende der Straße. Wir stellten Martin zwei von den nicht ganz so billigen Flaschen Wein auf den Tisch. Der packte den Selbstgebrannten aus, wir stießen an (Mo bekam natürlich wieder nur Apfelsaft), dann schwangen wir uns in seinen Jeep und fuhren die Piste aus dem Dorf hinaus in den Wald. Breit grinsten wir durch die staubigen Scheiben.

»Habt ihr frische Hose dabei?«, fragte Martin.

»Warum?«

»You will shit your pants!«, sagte er und lachte laut und herzhaft. Aber nein, wir würden uns ganz sicher nicht in die Hose machen. Wir waren echte Waldläufer, Naturburschen und wildniserfahrene Strauchdiebe. Männer, die Bescheid wussten.

Der Jäger bog von der Piste ab und fuhr einen kleinen Waldweg hinauf. Die Fahrt endete auf einer kleinen Lichtung. In der Mitte stand ein hölzernes Podest, am Rand ein Hochsitz mit geschlossener Kabine. Wir blieben sitzen, während Sankt Martin ausstieg und Maiskörner verstreute. Um die große Pfütze neben dem Podest waren echte Bärenspuren im Schlamm. Unglaublich! Martin kam zum Jeep zurück und holte einen Beutel aus dem Wagen.

»Das gute Essen für Bär. Ich extra gekauft. Heute ist besonderer Tag!«

Wir liebten ihn. Ein echt feiner Kerl. Er stieg die Stufen des Podestes hinauf. Dort öffnete er eine massive Holzkiste, in die er Honigmelonenstücke und riesige Schokoladenbrocken hineinlegte.

»Jeden Abend kommen Bärin mit zwei kleine Bär. Gehen auf Hochsitz, verschließen Tür. Fenster oben könnt ihr aufmachen.«

Dann zögerte er kurz, streckte prüfend seine Nase in den Wind und fügte an:

»Vielleicht doch besser Fenster zu. Wegen Wind. Bär vielleicht riechen euch.«

Martin wünschte uns noch viel Glück und starke Schließmuskeln.

»You will shit your pants!«

Lachend fuhr er davon, während wir die lange Leiter auf den Hochsitz hinaufkletterten. Feierlich nahmen wir auf dem Bänkchen Platz. Armaturen-Bruno war auch dabei. Ich stellte ihn auf das Fensterbrett. So hatte er die beste Sicht. Einen Energydrink namens Grizzly stellte ich auch noch dazu. Man wusste ja nicht, wie lange die Veranstaltung hier dauern würde. So saßen wir wie vor einem 135 Zoll Flatscreen-Fernseher und warteten, bis der Film losging. Muffig war es im Kabuff.

»Sollen wir nicht doch die Scheibe aufmachen?«, fragte ich Mo.
»Warum eigentlich nicht? Da unten ist der Jäger vorhin überall rumgelaufen. Da riecht es doch immer nach Mensch.«
»Stimmt. Eigentlich echt übertrieben.«
Wir öffneten das Fenster und fühlten den Wald gleich doppelt so 3-D. Das Motorengeräusch des Jeeps war gerade erst in der Ferne verhallt, als sich auf der Lichtung erstes tierisches Leben regte. Ringeltauben kamen angeflogen und pickten nach den Maiskörnern. Wir beobachteten sie eine Weile, bis sie plötzlich aufflatterten. Irgendetwas musste sie erschreckt haben. Ich griff nach der Kamera und hielt die Luft an.

Eine Bande von Eichelhähern eroberte die Lichtung und machte sich ihrerseits über den Mais her. Wir saßen da oben wie im Kino, es fehlte nur das Popcorn. Doch dieser Film, der da gespielt werden sollte, war spannender und grandioser als der Herr der Ringe und Avatar zusammen. Es war unser ganz persönlicher Film. Und der Showdown hatte begonnen.

Mit einem Male krächzte der Ober-Eichelhäher warnend, woraufhin der ganze Trupp augenblicklich von der Bildfläche verschwand. Es raschelte. Ein Tier kam aus dem Wald. Jeden Moment würde es auf die Lichtung treten. War er das? Die Fotokamera lag geladen und entsichert in meiner Hand.

Er trat aus dem Dickicht. Auf leisen Sohlen, vorsichtig und gewieft. Ein wunderschönes Exemplar, rot mit schwarzem Schwanz, die Spitze weiß. Reineke Fuchs. Neugierig schnüffelte er herum. Immer wieder spitzte er die Ohren. Ich versuchte mir vorzustellen, wie ein Jäger empfand, der hier an meiner Stelle sitzen würde. Wie könnte er dieses arglose Tierchen über den Haufen schießen? Und warum eigentlich? Der Fuchs bereitete uns große Freude, er tippelte hierhin und dorthin, verschwand im Farn, um gleich darauf an einer anderen Stelle wieder aus ihm herauszutreten. So ging es eine ganze Weile, bis er plötzlich ganz wachsam wurde. Er hatte scheinbar etwas gehört, was uns halbtauben Menschen verborgen geblieben war. Einen

Moment lang blieb er wie erstarrt, dann trollte er sich schleunigst von der Lichtung. Erneut war ein Waldbewohner im Anmarsch. Und dieser raschelte lauter und größer als der Fuchs. Leise öffnete ich meinen Grizzly-Drink. Ich nahm einen Schluck und reichte ihn an den Freund weiter.

Das Rascheln kam immer näher. Wir hielten den Atem an. Ich versuchte meinen Herzschlag zu beruhigen. Mir war, als hätte ein kleiner Schamane in meiner Herzkammer Platz genommen und würde im Dreivierteltakt die Rahmentrommel schlagen. Das war die Bärin, ich spürte und ich wusste es. Das Rascheln wurde noch lauter. Dann war da plötzlich ein kurzer Augenblick absoluter Stille. Kein Mucks. Dann ein Zischen wie von kräftig ausgestoßener Luft. Wieder raschelte es, doch nun leiser und immer leiser, bis es wieder ganz still war.

Nach einer quälenden Minute Schweigen im Walde fragte Mo:
»War sie das?«
»Scheiße, ich glaub schon.«
»Dann ist sie jetzt wohl wieder weg ...«
»Das ist wohl leider hochwahrscheinlich so.«

Es wurde dunkel. Im Wald, im Hochsitz, in uns. Belämmert saßen wir auf der Bank. Selbst der kleine Bruno ließ den Kopf hängen. Mir fiel der indianische Spruch ein, welchen ich noch vor ein paar Tagen im schlauen Bärenbuch gelesen hatte:

‚Wenn ein Blatt im Wald fällt, sieht es der Adler, hört es der Luchs – und riecht es der Bär.'

Er ist die Meisternase im Tierreich. Und wir hatten entgegen Martins Rat das Fenster aufgelassen, in unserer eingebildeten Schläue, es würde das Tier nicht kümmern. Wir elendigen Amateure.

Deprimiert saßen wir noch lange auf unserem Bänklein und hielten uns das Fünkchen Hoffnung warm, dass der Bär es sich noch einmal anders überlegen würde. Darüber wurde es stockdunkel und die Gewissheit löschte die Hoffnung aus, wie die Nacht den Tag. Wir hatten unsere Riesenchance vertan. Es war ein Sechser im Lotto und wir hatten den Schein verbummelt. Es war ein Elfmeter aufs leere Tor und wir hatten ihn drüber geschossen. Wir waren einen Meter vorm Ziel über unsere eigenen Füße gestolpert. Martin hatte uns nicht gesagt, wie lange wir da oben sitzenbleiben sollten. Hätten Wolfi und Dana nicht im Auto auf uns gewartet, hätten wir wohl am nächsten Morgen noch dagesessen. So rappelten wir uns auf und kletterten völlig konsterniert die Leiter hinunter. Die Stimmung war am Nullpunkt.

»Ich hab` eine ‚Scheiß-Stimmung-erste-Hilfe-Idee'«, sagte Mo. Er sprang auf das Podest und öffnete den Deckel der Kiste.

»Schokolade hilft immer!«

Ich zog nach und mit trotzigen Gesichtern aßen wir so viel Bärenschokolade wie wir konnten. Das hatte die Bärin nun davon, dass sie uns hatte sitzen lassen! Aber auch diese Verzweiflungstat tröstete uns nicht wirklich. Geschlagen und vom Leben verprellt pilgerten wir den einsamen Weg zurück nach Koprivnik.

Der Zufall und die Fügung, nennen wir sie von mir aus auch Gott und Allah, hatten es gut mit uns gemeint. Sie hatten uns vom Spitzingsee nach Österreich gelotst, uns dort gekonnt entschleunigt, um uns dann von den Kalkalpen nach Slowenien zu führen. Der Grottenolm hatte uns zu Markus und Doria geführt, die uns nach Kocevje sandten, wo uns Tim begegnete und Tims Papa uns nach Rog schickte. Dort war der Groschen in Form des kleinen Steinchens gefallen und wir kamen nach Koprivnik, wo wir auf Martin trafen, der uns an den sicheren Rand des Präsentiertellers gesetzt hatte. Und dort waren wir durch Unachtsamkeit und Besserwisserei hinten runtergefallen. Ein peinliches Ende für unsere Bärengeschichte. Nun blieb uns noch knapp eine Woche Zeit, um an den nächstbesten Strand zu fahren und an Frenki zu denken. Was gab es sonst noch zu tun für uns?

Im Dorf klangen fröhlich trunkene Gesänge aus dem Wirtshaus, während wir neben dem Bearhunter auf dem Bordstein saßen und uns mit Selbstvorwürfen geißelten. Über uns leuchtete kalt und gleichgültig der große Sternenbär und wenn dies das Ende unserer Geschichte gewesen wäre, so hätte ich sie sicherlich nie aufgeschrieben.

XV.

Apfelessig, Beanherb und stoned in Rijeka

Am nächsten Morgen krochen wir völlig verdattert aus dem Bus und nahmen erneut in der Gosse Platz. Dana und Wolfi schienen sich mittlerweile echte Sorgen um uns zu machen. Mit viel Schwanzgewedel und dem ein oder anderen Gesichtsschlecker versuchten sie uns wieder aufzubauen, doch sie hatten es schwer mit uns.

Wir breiteten die Karte aus und wieder einmal war sie voll von Fragezeichen. Vielleicht weiter nach Kroatien, zum berühmten Nationalpark Plitwitzer Seen? Oder doch einfach ab ans Meer. Bisschen Sonne, bisschen Salzwasser, mal lecker Fisch essen. Warum sich nicht auch mal was gönnen? Einfach nur Touri sein. Genug der Bärenspinnereien.

»Hey you Guys, what's going on?«, brummte die Stimme eines lässigen Cowboys.

Wie in Zeitlupe drehten wir uns um und blickten auf zwei braune Hausschuhe. Unsere Augen wanderten eine von schlaksigen Beinen gehaltene Tarnfleckenhose hinauf, schweiften über einen lila verwaschenen Pullover zu einem braun gebrannten Gesicht. Die Haare standen wahllos zu Berge. Der schmale Mund und die zusammengekniffenen Augen gaben dem Mann einen Revolverhelden-Ausdruck, der sich nur schwer mit seinem restlichen Erscheinungsbild vereinigen ließ.

Was sollten wir ihm schon sagen, mit verdrehten Hälsen so planlos in der Gosse sitzend?

»Nothing's going on.«

Wir nahmen ein klein wenig Haltung an und fragten ihn nach dem kürzesten Weg zum Meer. Er ließ die Frage verpuffen.

»I heard about you guys. You are the crazy Germans, who want to see a bear.«

Mo und ich warfen uns einen verdutzten Blick zu.

»Ist halt ein kleines Dorf«, stellte ich fest und antwortete dem slowenischen Clint Eastwood:

»Yes, but that's long ago ...«

Der Cowboy deutete in Richtung des kleinen Hauses, welches etwas zurückgesetzt vom Bordstein stand.

»Come on, you guys. Let's have a drink. I make the best apple juice all over the land.«

Er drehte sich um und ging. Wir folgten ihm wortlos durch die Türe in einen Raum voller alter Requisiten. Dort stand auch ein Kanister, aus dem er den goldenen Saft in einen fürstlichen Kelch fließen ließ. Er schwenkte ihn hin und her, nippte, schmeckte und machte Mundakrobatiken wie ein großer Weinkenner. Dabei sah er uns erwartungsvoll an. Also taten wir es ihm gleich, schwenkten unsere Probiergläschen, nippten, schmeckten, schluckten und lobten den edlen Saft, so gut wir konnten.

Zufrieden stellte er seinen Kelch beiseite. Dann begann er mit einem historischen Diskurs durch die Zeitgeschichte seines geliebten Heimatdorfes Koprivnik. Von Adam und Eva bis zu den apokalyptischen Reitern ließ er nichts aus. Er hatte in seinem Haus ein kleines Museum eingerichtet und endlich hatte er zwei ahnungslose Fremde erwischt, denen er es zeigen konnte.

Als wir endlich auch noch den hintersten Winkel der Abstellkammer durchstöbert hatten, ging es hinaus in den Garten. Dort konnte ich wenigstens ab und an einen netten Einwurf bringen, welcher den

Monolog etwas auflockerte. Als ich erwähnte, dass wir auch schon dreimal selbst Apfelsaft gekeltert hatten, klopfte er uns auf die Schultern.

»My name is Matjasch!«, sagte er und ließ uns noch einmal von seinem allerbesten Tropfen kosten.

»The best apple juice of the whole country!«

Der Höhepunkt der Führung durch sein kleines Königreich aber sollte der alte Birnbaum sein. Ihn hatte er bis ganz zum Schluss aufgespart. Es war der dickste weit und breit. Matjasch bestand darauf, dass wir ein Foto schossen, wie er mit beiden Armen seinen geliebten Baum umarmte.

Nach gefühlten fünf Stunden kamen wir endlich wieder zurück zu unserem Bordstein, wo die Karte noch ratlos im Dreck lag. Matjasch kniete sich über sie und fuhr mit seinem Finger über das Papier. Offenbar war er, nachdem wir die Geduldsprobe bestanden hatten, endlich bereit, unsere Frage zu beantworten. Die nach dem kürzesten Weg zum Meer.

»You can go here, across the border and drive down to the sea. Here is a beautiful place, not so much tourists. Very nice.«

Er verharrte eine Weile mit seinem Finger beim Meer, dann fuhr er mit ihm ganz langsam weiter hinunter und bog dann östlich ab ins Hinterland.

»Or, if you still want to see bears, you can go here. Azil za Medvede, Kuterevo. It's a little village and there is a project for the protection of the brown bears.«

Mit einem Male kribbelte es wieder. Ich fühlte die Lebensgeister zurückkehren.

»And if you go to Kuterevo, you can bring five liter apple vinegar to a friend of mine: Inkeeper Toma. He has a guest house. Say greetings from Matjasch and you will be welcome!«

Nach einem langen Schweigen grinste er zum ersten Mal.

»Or you can drive down to the sea and counting the waves. It's your choice.«

Mit fünf Litern Apfelessig und einer Flasche des weltbesten Apfelsaftes des Universums an Bord, waren wir zurück im Geschäft. Das wahnwitzige Grinsen war in unsere Gesichter zurückgekehrt und auch Bruno, der schon im hintersten Eck des Schrankes verschwunden war, saß wieder auf seinem angestammten Platz im Cockpit. Dana und Wolfi streckten die Köpfe aus den Fenstern und ließen sich den Wind um die Fellnasen wehen, als wir die kleinen Straßen durch die Berge Richtung Grenze fuhren. Angefütterte Bären vom Hochsitz aus beobachten: Touri-Quatsch! Richtige Bärensucher haben das nicht nötig.

Als wir den Kolpa, den Grenzfluss zwischen Slowenien und Kroatien erreichten, fing es an zu regnen. Trotzdem ließ ich mir ein Bad in ihm nicht nehmen. Es war eine Tiefenreinigung. Ich fühlte mich eins mit den Elementen, wie der Regen vom Himmel schüttete und der Fluss mich vor sich hertrieb. Wie neu geboren, mit einem tiefen Gefühl der Dankbarkeit stieg ich wieder in den Bearhunter. Es war noch nicht vorbei. Noch längst nicht. Vielleicht ging es gerade erst richtig los.

Zwischen Petrina und Brod na Kupi querte eine Brücke den Kolpa. Die Grenze. Während die Slowenen uns nach einer obligatorischen Ausweiskontrolle passieren ließen, brauchten es die Kroaten etwas komplizierter. Nachdem wir unsere Ausweise abgegeben hatten, wurden wir von der strenggescheitelten Grenzerin gebeten, den Bearhunter an der Seite zu parken und zu warten.

Klar waren wir irgendwie verdächtig. Männer mit Bärten und großen Nasen sind immer irgendwie verdächtig. Und wir hatten ja auch tatsächlich eine kleine Portion Narrenkraut an Bord. Eine Lappalie, aber immerhin groß genug, nicht ins Land einreisen zu dürfen und den Rest unserer Reisekasse loszuwerden. Ich holte es unter der Matratze hervor und versteckte es in der schmutzigsten Unterhose, die ich im Wäschehaufen finden konnte. Dann kam die Dame zackigen Schrittes zurück zu unserem Bus.

»I want look inside your car!«

»War ja klar. Nur hereinspaziert!«

Ich öffnete ihr die Kabinentür. Was ihr sofort auffiel war, dass das Innere dieses Wohnmobiles anders war als das aller anderen Wohnmobile, die sie zuvor gesehen hatte. Kräuterbüschel hingen von der Decke, Federn waren in Ritzen gesteckt, Postkarten mit Bären drauf waren an die Schränke gepinnt und ein Sammelsurium von Steinen lag auf dem Schränkchen.

»Why do you have this?«

»Why not?« fragte ich zurück.

»It's not usually.«

»We are also not usually.«

Dann wurde sie auf die Gläser aufmerksam, die mit dem Deckel von unten an den Hängeschrank über der Spüle befestigt waren. Das mussten die Drogen sein!

»What is this?«

»Herbs for the kitchen«, sagte ich wahrheitsgemäß.

Sie griff nach einem der scheinbar schwerelos vom Schrank hängenden Gläsern, wusste sie aber nicht zu öffnen. Ich drehte am Glas und reichte es ihr. Sie steckte ihren kantigen Zinken hinein und schnupperte.

»What is this?«

»Rosemary.«

Sie roch noch einmal und gab mir das Glas wieder. Weiter ging es mit dem Salbei.

»And what is this?«

»Sage.«

Sie kam zum Bohnenkraut.

»What is this?«

Mir fehlte die Vokabel. Mo half aus:

»Beanherb.«

In einem der Gläser müsste jene Droge versteckt sein, welche unseren Geist so benebelte, dass wir unser Fahrzeug mit Federn, Steinen

und Bärenbildern schmückten. Sie gab nicht auf. Sie öffnete den Schrank über der Spüle. Und was fand sie da? Gläser mit getrockneten Kräutern drin. Ich hatte für alles gesorgt, was der moderne Jäger und Sammler an trockenem Grünzeug gebrauchen konnte. Man wusste ja nie. Sie nahm sich eines, roch und stellte ihre Frage:
»What is this?«
Diesmal handelte es sich um eine artenreiche Teemischung. Aber da mir klar war, dass sie sowieso keine Ahnung von der Botanik hatte, dachte ich mir einfach irgendwelche Namen aus.
»Duckflower, burnnettle and liontooth. It's very good for everything!«
Sie schüttelte den Kopf, ließ sie von der Küche ab und wandte sich dem Wohnzimmer zu. Da gab es ebenfalls Schränkchen, ebenfalls mit Kräutern drin. Und genau so eines öffnete sie. Mindestens zehn Gläser standen zur Auswahl. Mir wurde wieder einmal bewusst, dass ich eine rollende Apotheke besaß. Genervt schlug sie die Tür gleich wieder zu.
»Okay. Go. Fast!« sprach sie und ging von Bord.
Mit einem breiten Grinsen bedankte ich mich für ihren lustigen, kleinen Besuch auf unserem Narrenschiff:
»Thank you very much and always remember: There is a herb for every illness!«
Nichts ist umsonst. In allem hält das Leben eine Lehre versteckt. Unsere war es, dass wir das Narrenkraut zukünftig in einem der Gläser mit Teekräutern verstecken konnten. Einfach mittenrein.
Wir fuhren die Serpentinen hinunter. Schlagartig wurde die Vegetation mediterraner und die Felsen strahlten weißer als je zuvor aus den karg bewachsenen Bergflanken. Wir fuhren dem Meer entgegen mit dem Gefühl, schon eine Ewigkeit unterwegs zu sein und noch Lichtjahre vor uns zu haben. War es Glück oder Unglück gewesen, dass wir das Fenster vom Hochsitz hatten offenstehen lassen und so um unsere Bärenbegegnung gekommen waren? Zweifelsohne hätten wir ein paar Fotos geknipst, uns auf die Schultern geklopft und

ein Häkchen an unsere Bärenmission gemacht. Wir wären an den Strand gefahren und hätten Löcher ins Meer gestarrt. So aber ging unser selbstgebasteltes Abenteuer weiter. Wohin würde der Zufall uns nun führen? An der Windschutzscheibe klebte ein Zettel mit dem Namen Kuterevo. Was auch immer da auf uns warten mochte, wir freuten uns drauf.

Endlich wurde der Horizont blau; strahlend und glitzernd. Der salzige Atem des Meeres wehte durch die Fenster in unsere Riesennasen. Wir witterten eine gute Gelegenheit, uns etwas mediterran die Beine zu vertreten. Unten an der Küste lag Rijeka und lud zu einer kleinen Bärenpause ein. Mal kurz ein bisschen Touri sein und einfach mal an Frenki denken. Wir hatten es ihm doch versprochen!

Wir quetschten unser Gefährt in einer rein theoretisch viel zu kleinen Parklücke in einer Seitenstraße. Was nicht passte, wurde passend gemacht. Das verbogene Schild ließ sich als Kollateralschaden absetzen und eine Delle mehr stand dem Bearhunter eigentlich recht gut zu seinem abenteuerlichen Gesicht. Schnell noch das feine Hemd übergeworfen und ab ging's in das pulsierende Herz der Mittelmeerstadt.

Oh wie urlauberisch war es mir zu Mute, so nahe dem Meer! An den Bootsanlegestellen tummelten sich zahlreiche, dicke Fische im Wasser und die Möwen kreischten über den ruhigen Wellen, auf denen das Abendlicht tanzte. Sein goldener Mantel legte sich über das Hafenbecken, auf dessen Rand wir uns setzten. Die Touristenhorden schwadronierten auf und ab und wir kamen so richtig in wohlverdiente Urlaubsstimmung.

Ich bastelte ein windschiefes Tütchen zusammen und kurz darauf stiegen lustige Rauchwölkchen über unseren Köpfen auf. Kichernd gafften wir auf den Ozean, auf dem der Horizont immer breiter wurde, genau wie wir. Durch das heraufziehende Dunkelblau der Nacht versank er allmählich in Gefühlen von Ferne, von Freiheit und von Freundschaft. Sentimentalität, soweit das Auge reichte. Kaum auszuhalten, bis sie plötzlich ganz zwingend von einem Primärbedürfnis abgelöst wurde. Ein Riesenappetit auf alles, was lecker ist, bemächtigte sich unser.

Getrieben von unbändiger Fresslust erhoben wir uns und folgten unseren Instinkten. Doch schon nach wenigen Schritten blieb ich stehen. Vor mir lag ein Silberling auf dem Boden. Ich hob ihn auf und sah Ursus arctos hineingeprägt. Der Braunbär, fünf Kuna wert. Wir waren auf der Glücksstraße. Ich drückte ihn mir ans Herz und plötzlich sah ich überall Bären. Mitten in der Stadt. Diesmal waren es keine rotten Baumstümpfe oder bemooste Steine. Ich entdeckte sein Bild auf Werbeflächen und Produkten. Unglaublich, wie gegenwärtig der Bär in unserer Konsumwelt ist! Als kostenloser Werbeträger musste er für alles herhalten, vom Keks über die Milch bis zum Waschmittel. Bärenstark, niedlich, kuschelig, urig. Eigentlich hat er doch ein Super-Image.

»Hier Mo! Schau nur! Und da ist auch noch einer!«

Ich geriet so in Verzückung, dass ich sogar meine Fresslust vergaß. Ja, Frenki war ein guter Gärtner.

Und dann erschien er mir. Der Menschenstrom bog nach rechts ab und vor mir leuchtete er auf. Fünf Meter hoch, mindestens. Strahlend weiß vor himmelblau. Der Götterbär.

Dynamisch schien er aus der Plakatwand herausspringen zu wollen, direkt auf uns drauf. Ich kniete nieder, nestelte in meiner Tasche herum, streute etwas Narrenkraut auf den Asphalt, hielt das Feuerzeug daran und stimmte Neandertalergesänge an. Ein kleines Rauchopfer für den großen Himmelsbären! Mo stürzte sich auf mich und zog mich aus der sich um uns bildenden Menschentraube.

»Sirius, das geht zu weit!«

Ich aber war ergriffen, erfüllt von der Erkenntnis, was der Bär für eine große Bedeutung hat, hier und heute, in unserer naturentfremdeten Gesellschaft. Die Gummibärchen, die Glücksbärchis, der Kuschelweiß-Bär: Nichts geht über Bärenmarke! Paradoxerweise bedient man sich des Bären als Werbeträger für eine Konsumwelt, welche die seine zerstört. Und doch wirkt er dabei auch als Urerinnerung an eine Zeit der Verbundenheit, als wir noch Wildnis waren. Gleichsam vielleicht ein Fahnenträger. Ein Hoffnungsschimmer für eine neue Zeit, in der sich der Mensch seiner heilen und heiligen Wurzeln besinnt. Wieder einmal kam mir unser schillernder und lärmender Zeitgeist wie eine Illusion vor, eine hauchdünne Decke, die der nächste Sturm zerreißt und den Blick auf das Wesentliche öffnet.

Während ich Mo enthusiastisch meine neuesten Erkenntnisse unterbreitete, bremste er plötzlich scharf und wies mit gierigem Finger auf die Tische eines Straßencafés. Ich wurde aus meinem Wahn gerissen und der Fressmodus übernahm augenblicklich die Kontrolle. Da saßen Menschen, die monumentale, verdammt lecker aussehende Kuchenstücke in sich hineinschaufelten. Die Stücke waren so überproportioniert, dass kaum ein Gast ein ganzes schaffte. Die Leute zahlten, gingen und die Kuchenreste blieben einsam und verlassen auf ihren Tellern zurück. Ein würdeloses Ende im Mülleimer wartete auf sie. Das durfte nicht geschehen! Nicht solange Sirius und Mo breit über die Straßen Rijekas wandelten!

Es war klar, was nun zu tun war. Wir gingen ein Stück weiter, drehten auf dem Absatz um, wechselten in den zügigen Schritt und rafften im Vorbeigehen zwei Schokosahnebomben von den Tellern. Die Leute sahen uns nach, manche belustigt, andere empört, aber was sollte es uns scheren, was die Leute sich dachten? Hier kannte uns sowieso keiner und wenn uns einer wirklich gekannt hätte, so hätte er uns verstanden. Außerdem waren wir im Ausnahmezustand. Sahnig, süß und schokoladig. Genial.

Die nächste Fressattacke war eine deftige. Wir erlitten sie vor einer der zahlreichen Pizzastücke-Verkaufsbuden. Goldgelb und fettig glänzten die Käseschwarten, welche links und rechts von den Dreiecken trieften. Wir kauften uns zwei und mampften sie überglücklich direkt an Ort und Stelle.

»Das ist die beste Pizza, die ich je hatte!«, schmatzte mein muselmanischer Kamerad.

Oh ja, in der Tat, sie war phantastisch.

»Wir holen uns mindestens noch fünf, jeder.«

Doch plötzlich geriet Mos Kaumaschinerie ins Stocken. Er begann, die Reste seines fast verschlungenen Pizzastücks zu untersuchen.

»Das ist doch nicht ... Das kann doch nicht ... Das ist tatsächlich ... Fuck!!«

Es waren keine Maden, keine tote Maus und auch kein abgeschnittener Finger auf der Pizza. Viel schlimmer: Es war Schinken! Einen rosa Streifen nach dem anderen zog Mo unter der über alles hinwegtäuschenden Käseschicht hervor. Schweinefleisch! Und da bereits mehr als das halbe Stück vertilgt war, befand es sich nun im Magen des Mohammad Al Saffar. Er war nicht mehr zu beruhigen. Der Sündenfall. Auch ich konnte mich kaum beruhigen – vor Lachen. Zwischen meinen Lachanfällen versuchte ich ihn zu trösten.

»Du hast es doch nicht absichtlich gegessen.«

»Allah ist groß und wird dir vergeben.«

»Vielleicht war es ja Truthahnschinken.«

Es half alles nichts. In einem kurzen Handgemenge konnte ich ihn zumindest davon abbringen, sich an Ort und Stelle den Finger in den Hals zu stecken.

»Sei doch froh, dass es kein Bärenschinken war, das wäre doch viel schlimmer!«

Es war nicht mehr zu ändern. Mos Unschuld war verloren. Wir verließen die Tourimeile und gingen durch schmale Gassen, wo sich mein Freund langsam wieder beruhigte. Doch großer Durst begann ihn nun zu plagen.

»Vielleicht finden wir ja eine Bar, da kannst du mit einem Bierchen nachspülen«, empfahl ich ihm.

»Da du jetzt sowieso in die Moslemhölle kommst, macht das den Bock auch nicht fetter.«

Wir tippelten an den endlosen Häuserfassaden entlang, doch

nirgends gab es was zu trinken. Kurz vorm Verdursten in der Betonwüste entdeckten wir eine sperrangelweit geöffnete Türe. Sie erschien uns einem Wunder gleich, denn in dem Raum dahinter stand ein bunt leuchtender Getränkeautomat. Die Tür war von antiken Stürzen gefasst und die ganze Situation wirkte irgendwie unwirklich. Es war uns, als ständen wir vor einem gerahmten Bild. Völlig fasziniert tasteten wir mit unseren Händen den Bilderrahmen ab und fuhren, einer gewissen Theatralik nicht entbehrend, über die nicht wirklich vorhandene Oberfläche des Bildes. So verkünstelten wir uns eine Weile, während unablässig der Getränkeautomat lockte, wie das Stück Käse in der Mausefalle. Erfrischung. Kühle Zuckerbrühe. Sprudelnd und labend. Was mochte das für eine seltsame Location sein? Mo hielt es nicht länger draußen.

»Ich geh da jetzt rein und hol mir eine Cola. Die löst den Schinken im Magen auf, bevor er in die Blutbahn geht.«

Ich hingegen tat zwei Schritte zurück und schaute erst einmal über den Türsturz. Das war nicht dumm, denn dort stand eine Inschrift:

Policia municipal

Gerade noch packte ich Mo und zog ihn wieder heraus. Ich deutete auf das Schild.

»Whaaat?!«, schrie er.

Im selben Moment bemerkten wir die Überwachungskamera an der Hauswand, die auf den Eingang gerichtet war. Im Sauseschritt sahen wir zu, dass wir Land gewannen. Dabei erhaschten wir noch einen flüchtigen Blick durch das Fenster gleich neben der Tür, auf zwei stiernackige Polizisten, die misstrauisch auf ihren Bildschirm starrten. Als sie checkten, dass wir ihnen dabei über die Schulter schauten, drehten sie sich um, aber da waren wir auch schon weg. Hinter der nächsten Ecke kugelten wir uns auf dem Boden.

Kurz vor der totalen Dehydration hörten wir ein bekanntes Bellen. Wir folgten ihm und fanden unseren Bearhunter wieder. Dana und Wolfi hatten uns gelotst. Wir knuddelten sie, dann tranken wir Matjaschs Supersaft in zwei Zügen. Ich verstaute noch das Narrenkraut an einem wirklich sicheren Ort, dann ging es in die Kojen. Dort drehte und wendete ich die 5-Kuna-Münze. Der Bär. Knapp eine Woche hatten wir noch. Kopf oder Zahl. Bär oder nicht. Mir wurde bewusst, dass ich nicht nur nach ihm suchte. Längst hatte diese Mission eine viel tiefere Bedeutung bekommen. Unmerklich. Und doch vielleicht schon von Anfang an. So wie sich die Dinge entwickelten, war ich nicht mehr bloß der aktive Schatzsucher und der Bär der passive Goldklumpen. Mehr und mehr fühlte es sich so an, als wären wir wie zwei magnetische Pole, die einander anzogen. Ich suchte nach einem Bären und ohne jemandem einen aufbinden zu wollen, stieß ich dabei auf die Prinzipien äußerst merkwürdiger, universeller Resonanzverschränkungen.

XVI.

Dobro Dosli in Kuterevo

Der Bearhunter klemmte fest in der endlosen Schlange der Wohnmobile, die sich träge die schmale Küstenstraße entlangwand. Das weiße Gebirge bröckelte steil hinab in das Blau des adriatischen Meeres. Wie Segelschiffe des Himmels zogen die Wolken darüber hinweg. Wir hatten die Badehosen längst schon an. Irgendwo musste es doch eine Gelegenheit geben, rechts ranzufahren und einmal kurz einzutauchen, in diese wahrgewordene Reisebürosprospektszenerie. Doch die Karawane zog immer weiter. Um ein Haar hätten wir unsere Abfahrt verpasst. Wir waren die einzigen Linksabbieger. Zwei Freaks, die bei 40 Grad im Schatten ins trockene Hinterland fuhren.

Mit der Beschilderung schien man es hier nicht so genau zu nehmen. Warum auch? Die Einheimischen wussten, wo es langging und sonst hatte hier wohl niemand etwas zu suchen. Die Straße wurde zu einem Sträßchen, das Sträßchen zu einem holprigen Weg und dieser zu einer Hofeinfahrt. Plötzlich stand der Bearhunter vor einer zerfallenen Scheune und einem Haus, welches sicher nur noch vom unerschütterlichen Glauben der mageren Großmutter gehalten wurde, die auf einem Plastikstuhl davor saß. Argwöhnisch musterte sie das grüne Ding, das urplötzlich in ihrem Hof aufgetaucht war. Die Luft flimmerte. Die Oma fixier-

te uns, ohne den leisesten Hauch einer Bewegung.
»Mo?«
»Sirius?«
»Sollen wir sie nach dem Weg fragen?«
»Ich hab´ Angst.«
»Ich auch.«
»Und wer geht?«
»Du natürlich.«
»Hopp, wir gehen beide.«
Wir stiegen aus, wie zwei Geheimagenten mit Sonnenbrillen. Dazu barfuß und in Badehosen. Die Alte regte sich nicht. Kein Lüftchen wehte. Ich fasste mir ein Herz.
»Hello! Do you speak English?«
Keine Reaktion. War wohl auch unrealistisch zu glauben, dass eine achtzig- oder neunzigjährige Frau, die auf einem einsamen Hof im Hinterland lebt, Englisch spricht. Nun war Mo dran.
»We want go to Kuterevo. – Kuterevo?«
Mir war als hätte ihr linkes Augenlid gezuckt. Weiter regte sich nichts. Mo begann zu zweifeln.
»Vielleicht ist sie tot ...«
»Quatsch. Die atmet doch noch. Vielleicht ist sie schwerhörig.«
»Wir wollen fahren KU-TE-RE-VO!« brüllte ich sie an. Nichts. Außer ein tiefes Knurren hinter uns. Ein heruntergekommener Hund monströsen Ausmaßes stand in der schiefen Tür der Scheune. Und leider sah es nicht danach aus, als wäre er gekommen, um uns die Füße zu schlecken.
»Sirius?«
»Mo?«
»Lass uns langsam wieder zurück zum Auto gehen. Bloß keine hektischen Bewegungen.«
Als wir rückwärts schlichen, wurde die Alte lebendig. Ihr zweizahniger Mund öffnete sich und krächzte:
»Kuterevo. No.«

Im selben Moment schoss der Hund nach vorne. Wir hechteten zum Bus. Wenigstens noch die Tür aufreißen und hoffen, dass Wolfi und Dana weniger Angst vor dem Hinterwäldlerköter hätten als wir. Fast wäre er uns an der Badehose gehangen, doch er wurde zurückgerissen und landete im Staub. Erst jetzt sahen wir die Kette, die an seinem Halsband befestigt war. Trotzdem nichts wie weg hier, bevor möglicherweise Omas degenerierter Sohn mit der Kettensäge um die Ecke bog. Wir heizten vom Hof und ließen die Alte in der bekannten Wolke aus Staub und Abgasen verschwinden.

Nach einem langen und heißen Ritt durchs Velebit-Gebirge sahen wir auf einmal einen Holzbären am Straßenrand stehen. Ein Pfeil wies uns die Richtung. Kuterevo. Da lag das Dorf unterhalb der Straße. Ein Transparent war quer über die Straße gespannt: ‚Dobro Dosli!' stand da hellblau auf weiß geschrieben. Wir interpretierten das als ‚Herzlich Willkommen!' Endlich. Direkt am Ortseingang befand sich gleich das Wirtshaus. Auch hier stand ein prachtvoller Holzbär, um den herum es schien, als würde man ein großes Fest vorbereiten. Neben ihm tauchte ein Mann mit grüner Schürze auf. Kräftig, rotbackig und freudestrahlend. Das musste Inkeeper Toma sein. Als er uns sah, kam er direkt auf uns zu, begrüßte uns wie alte Bekannte und ehe wir auch nur drei zusammenhängende Worte hervorgebracht hatten, saßen wir auch schon auf seiner Terrasse mit einem Schnaps in der Hand. Lange Tische und Bänke standen unter einem mit großer Zimmermannskunst gebauten Freidach.

»Trinken! Trinken!«, befahl uns der Wirt.

Wir stießen an. Mo schaute flehend zu mir herüber. Ich stürzte meinen Rakja hinunter, dann riss ich ihm seinen aus der Hand und schickte ihn dem ersten hinterher. Mo war erleichtert und Toma klopfte mir auf den Rücken, so dass die beiden Schnäpse fast wieder aus mir herausgeschwappt wären.

»Oh, mehr trinken?! Is gut, ja?«

Zweifelsohne war ich ihm erstmal sympathischer als mein abstinenter Freund. Während er sich aufmachte, für Nachschub zu sorgen, wies er uns an, unser Gefährt hinter dem Gasthaus in den Hof zu stellen. Dort könnten wir zwischen den Ziegen und Hühnern campieren.

»Heute Abend große Fest! Musik! Essen, viel trinken!«

Wir waren völlig von den Socken. Welch Ehren wurden uns hier zuteil! – Das Willkommensbanner, Tomas Begrüßungsdrinks und heute Abend ein großes Fest. Was hatte Matjasch uns bloß vorausgeschickt? Vielleicht, dass zwei große Bärensucher aus Deutschland Kuterevo die Ehre gaben?

Erst als wir strahlend den Kanister Apfelessig über die Theke schoben und über Tomas Kopf drei Fragezeichen aufleuchteten, wurde uns langsam klar, dass er weder von dem Essig noch von uns was gewusst hatte. Nach einer Weile des Nachgrübelns erinnerte er sich immerhin an Matjasch.

»Oh ja Matjasch, ja! Verrückte Matjasch, hahaha!«

Also kein Dobro Dosli-Fest zu unseren Ehren. Vielleicht auch besser so. Trotzdem ein perfektes Willkommen. Es fühlte sich an wie die Einfahrt im Zielhafen, nach einer langen Odyssee voller Strapazen und Entbehrungen. Voller Heldenmut und Kampfesruhm. Dem Tode immer wieder entronnen, am Leben geblieben, nur um die heilige Mission zu erfüllen.

Mit drei Rakja und einem Bier in der viel zu heißen Birne trottete ich hinter dem noch völlig coolen Wüstensohn her. Die Dorfstraße hinunter, immer dem Bärenzeichen hinterher. Links und rechts kleine Häuser mit liebevoll angelegten Gärten. Keine Baumarkt-Gärten vor Playmobilhäusern wie im fortschrittlichen Germany. Hier gärtnerte man noch mit Herz und ein gewisser Grad an Selbstversorgung war Ehrensache. Kohl, Paprika, Tomaten und vor allem Bohnen in Hülle und Fülle. Davor, dahinter und drumherum überall Blumen.

Pure Landliebeidylle, die bald dem blanken Grauen wich: Auf dem Platz bei der kleinen Kirche drängten sich Verkaufsstände aneinander und wetteiferten darum, wer die schillerndste Plastik-Auslegeware im Angebot hatte. Neben detailgetreuen Kunststoff-Panzerfäusten für den kleinen Racker, gab es Bären-Merchandise-Artikel in allen Auswüchsen, von der Porzellanfigur bis zum Gasballon. Dazu schallte eine, jede Riesennasenkünstlerseele vergewaltigende, Blechdosenmusik durch die Szenerie, dass mir schlecht wurde. Und der Saufstand durfte natürlich auch nicht fehlen. Schon stand ich an, doch Mo zog mich weiter. Was war hier los? Bären-Disneyland? Das war überhaupt nicht unser Film. Wohin nur hatte Matjasch uns im Namen des Schicksals gesandt? Sofortiger Rückzug zum Hauptquartier war angesagt.

Im Bearhunter analysierten wir die Situation. Es schien hier also ein Bärenrefugium zu geben, was auch immer das bedeuten mochte. Davor war ein schreckliches Mini-Disneyland aufgebaut. Wollten wir wirklich sehen, was sich dahinter befand? Vielleicht gefangene Bären in Käfigen, mit denen Touri-Reibach betrieben wurde? Das war ganz und gar nicht unser Film.

Es kam der Abend und jede Menge Leute bevölkerten Tomas Terrasse. Wir mischten uns unters Volk, um der Sache auf den Grund zu gehen. Und natürlich auch, weil ich noch ein paar von den leckeren Schnäpschen trinken wollte. Die Band spielte fetzige Musik auf traditionellen Instrumenten und die Bänke um die langen Tische quollen links und rechts über mit lachenden, essenden und saufenden Menschen.

Mit einem Mal bemerkten wir immer mehr junge Leute, die den uns völlig unverständlichen kroatischen Wortwirrwarr mit englischen und französischen Sprachfetzen würzten. An einem wenig besetzten Tisch erspähten wir zwei junge Damen und wie wir sie da so lieblich lächeln sahen, deuchte es uns fröhlich, ihnen gegenüberzusitzen zu wollen.

»Dobro Dosli!«, grüßten wir weltmännisch.

»Oh, you are Germans, right?«, sagte die mit dem runderen Gesicht und den braunen, kurzen Haaren.

Erwischt.

»Yes. We are Christian and Mohammad«, stellte ich uns vor.

»Wow. Christus and Mohammad. That sounds very holy!«

Und so kamen wir ins Gespräch. Vor uns saßen Helena aus Serbien und die mit verlockenden braunen Locken verzierte Amelie aus Frankreich. Wir berichteten ihnen von unserer abenteuerlichen Suche, wobei das ein oder andere Bier seinen Weg nahm. Immer wieder kicherten sie und ich bemerkte die amüsierte Verwunderung in ihren Augen, als wir unsere Story erzählten. Die Blicke, welche sie austauschten, besagten ‚die sind ein bisschen irre, aber irgendwie ganz amüsant'. Da ließ sich drauf aufbauen.

Dann waren sie am Zug. Sie berichteten, dass sie für ein Jahr als Volontärinnen des Bärenrefugiums in Kuterevo waren. Hundert Punkte! Es befand sich am unteren Ende des Dorfes. Dort gab es Gehege mit Bären, die als Jungtiere ihre Mutter verloren und derer man sich angenommen hatte, um ihr Leben zu retten. Da diese Bären durch die Obhut an den Menschen und dessen Umfeld gewöhnt waren, konnten sie nicht mehr ausgewildert werden. Ohne die natürliche Scheu würden sie immer wieder Siedlungen aufsuchen, um dort Nahrung zu finden. Zu gefährlich für Mensch und Bär.

Ein Mann namens Iwan war der Initiator und Leiter dieses Projektes. Er akquirierte die Gelder sowie die ehrenamtliche Manpower und wusste alles über Bären. Genau unser Mann. Helena und Amelie luden uns ein, am nächsten Tag ins Refugium zu kommen. Sie würden uns alles zeigen und mit Iwan bekanntmachen. Das festliche Treiben in Kuterevo und die Kitschstände gab es aufgrund der alljährlichen Kirmes, zu der wir pünktlich wie die Maurer aufgeschlagen waren. Deswegen das Fest bei Toma.

Mit jedem weiteren Glas Bier, zwischenrein gewürzt mit einem klitzekleinen Rakjalein, wurden mir die Damen immer schöner. Jetzt entdeckte ich auch die geschnitzten Bären, die auf ihren Brüsten hingen. Doch gerade, als ich Mo anstieß und auf ihre Dekolletés zeigte, verabschiedeten sie sich viel zu plötzlich und machten sich auf den Weg in ihre Gemächer.

»Warum so früh?«

Ich schmachtete hinterher, während Mo mir zu erklären versuchte, dass ich betrunken sei.

»Das kannst du gar nicht wissen! Du Moslem!«, stellte ich klar, sprang auf, so dass mein halbvolles Bierglas umkippte und machte mich auf die Verfolgung der beiden Bärenfräuleins. Mo wich mit einer muselmanischen Blitzreaktion dem gelben Teufelsgebräu aus und heftete sich an meine Fersen.

»Sirius, hehr uff!«

»Die haben einen Bären um den Hals. Das ist ein Zeichen! Hinterher!«

Mo kam mir mit Vernunft und so Zeug und wollte mich unbedingt aufhalten. Doch ich hatte Fahrt aufgenommen und lief unaufhaltsam downhill, irische Liebesweisen singend. Als wir am Saufstand bei den Kitschbuden vorbeikamen, erkannte Mo seine Chance und leitete mich auf ein kleines Trinkpäuschen um. Irgendwann tanzten, beziehungsweise torkelten wir wild zu Balkanbeats herum, dann verlieren sich die Zusammenhänge.

XVII.

Iwan, der Bärenmeister

‚Und als sie ihm die Tür öffnete und der Bär sich hinausdrängte, blieb er an dem Türhaken hängen und ein Stück seiner Haut riß auf. Da war es Schneeweißchen, als hätte es gold durchschimmern gesehen: Aber es war seiner Sache nicht gewiss.'

Brüder Grimm

Am Morgen danach stolperte ich aus dem Bus und blinzelte ins viel zu grelle Sonnenlicht. Die Hühnerschar stob auseinander und der Ziegenbock senkte kurz die Hörner, ehe er sich eines Besseren besann und weiterfraß. Ein Kaffee und eine Brotzeit auf Tomas Terrasse machten mich wieder tageslichttauglich.

Ein drittes Mal liefen wir die Dorfstraße hinunter und dabei war ich Mo echt dankbar, dass er letzte Nacht den volltrunkenen, abendländischen Barbaren in mir aufgehalten hatte. Die Buden wurden abgebaut, der letzte Betrunkene vom Saufstand entfernt. Wir liefen an der Kirche vorbei bis wir zu hölzernen Baracken kamen, die mich an den wilden Westen erinnerten. Ein vier Meter hohes, selbstgebautes Windrad drehte sich über einem Wald aus bunt bemalten Holzschildern. An jedem Pfahl waren mehrere, meist längliche Schilder angebracht, die in alle Himmelsrichtungen wiesen. Auf ihnen standen viele Namen und auf einige waren Landesflaggen gezeichnet. Belgien, Frankreich, Italien, Russland, Kamerun, Australien, Israel und viele mehr konnten wir entdecken. Gepinselte und geschnitzte Bären schauten hier und da heraus. Einer davon umarmte die Erde. An der Veranda daneben hing ein großes Transparent: 'The mountains have always been there, and in them the bears!' Zwischen den Gebäuden und im Gelände dahinter, waren hohe Zäune zu erkennen. Hier und da wuselten junge Leute herum, mit Werkzeugen und Schubkarren. Helena und Amelie traten aus dem flachen Steinhaus weiter unten. Sie winkten uns und kamen gut gelaunt näher. Sie waren zwar nur noch halb so verlockend wie gestern Nacht, aber immer noch sehr angenehme Erscheinungen.

Wir setzten uns an einen Tisch im Schatten. Kaum hatten wir Platz genommen, da raste ein militärgrüner Renault heran. Der Schotter knirschte, als er vor dem kleinen Haus scharf bremste. Quietschend öffnete sich die Fahrertür und ein alter Mann wuchtete sich heraus. Trotz zweier Krücken bewegte er seinen untersetzten Körper dynamisch zu unserem Tisch. Er trug eine graugrüne Batschkappe über der Brille. Sein weißer Vollbart verlieh ihm die Würde eines Patriarchen. Kein Zweifel: Das musste Iwan sein. Und auch er war ein Händequetscher, wenn auch nicht ganz so brachial wie Dad.

Helena erzählte ihm die kroatische Kurzversion unseres Megaabenteuers. Zwanzig Sekunden, aufgerundet. Ich war leicht gekränkt, ließ es mir aber nicht anmerken. Iwan nickte, musterte uns prüfend und fragte dann in einwandfreiem Deutsch:
»Könnt ihr auch etwas arbeiten?«
Wir mussten nicht lange überlegen. Klar konnten wir etwas arbeiten! Wir konnten sogar etwas mehr arbeiten und eventuell auch richtig viel, wenn die Motivation stimmte. Verpflegung, den Bus im Gemüsegarten des Refugiums abstellen und so einiges über Bären lernen. Wir waren dabei.
»Habt ihr schon einmal eine Trockenmauer gebaut?«

Ich war Naturgärtner, da blieb das nicht aus.
»Hunderte.«
»Dann ist das eure Aufgabe hier.«
Das klang easy. Kein Ding. Machen wir. Iwan stand auf und wir folgten dem Leitwolf des Bärenrefugiums, der durch sein ausgeprägtes Charisma einen natürlichen Respekt gebot. Sichtung der Baustelle. Ich freute mich schon auf eine nette, kleine Blumenbeet-Einfassung, vielleicht sogar eine Kräuterspirale, bis Iwan vor einem riesigen Geröllfeld stehenblieb.
»Hier, das ist es.«
Ich versuchte, über den Haufen drüber zu schauen, was mir nicht gelang. Wo war der Garten? Dahinter? Iwan deutete mit seiner rechten Krücke auf das Geröll.
»Da liegen die Steine. Sucht euch die besten aus. Wo sie jetzt noch liegen, soll eine Straße hinunterführen, welche von eurer Mauer gehalten wird. Sie wird von da oben bis runter etwa dreißig Meter lang sein. Vielleicht könnt ihr der Straße einen sanften Schwung verleihen, das würde sicher gut aussehen.«
Uns wurde noch heißer, als es sowieso schon war. Wir wollten nicht zwei Jahre in Kuterevo bleiben, sondern höchstens ein paar Tage! Die Steine waren in Wirklichkeit Felsbrocken und alles in allem türmten sich vor uns geschätzte 3000 Tonnen Materie auf. Eindeutig zu viel für unsere schmalen Glieder! Wo war der Situationsknopf? Wir mussten irgendwie hier raus. Iwan schaute uns herausfordernd an und mein Mund sprach wie von selbst:
»Leichter Schwung fürs Auge, geht klar.«
Es gab kein Zurück. Die Mädels strahlten uns an und der Meister war der Meister und wir konnten einfach nicht kneifen.
»Wie viele Leute könnt ihr gebrauchen? Ich kann euch fünfzehn junge Männer geben.«
Das war ein Wort. Aber gingen auch zwei Bagger, ein LKW und ein paar Stangen Dynamit?
»Öhm, ja, das könnte helfen.«

So hatten Mohammad und ich plötzlich einen riesigen Geröllberg und dazu auch noch den pädagogischen Auftrag, fünfzehn halbstarke Belgier zu motivieren. Die postpubertären Jungs gehörten zu einer Scoutgruppe, die hier campierte. Sie waren dazu angehalten, jeden Tag ein paar Stunden mitzuarbeiten. Iwan ließ sie antreten und wir verschafften uns einen ersten Überblick. Der war nicht sehr ermutigend. Dünne Ärmchen und große Klappen. Krumme Buckel und dicke Sonnenbrillen auf trotzigen Gesichtern, hier und da qualmende Kippen. Nur einer fiel aus der Reihe: Ein dunkelhäutiger Junge, der körperlich seinen Alterskameraden weit überlegen schien. Ein kräftiger Bursche mit gutem Gebiss, der im Gegensatz zu den anderen Angebern eher kleinlaut wirkte.

»Wäre dies ein Sklavenmarkt, würde ich den kaufen«, flüsterte ich Mo zu.

Aber es gab sie nur im Fünfzehnerpack. Ich musste eine ergreifende Rede halten, um ihre Begeisterung zu gewinnen. Sie bei der Ehre packen und ein glorreiches Erfolgserlebnis vor ihre inneren Augen zaubern. Wie Mel Gibson in Braveheart, nur mit Schubkarre statt Pferd, schritt ich vor ihnen auf und ab. Ich legte mir lässig einen Spaten auf die Schulter und erzählte ihnen einen vom Bergeversetzen, vom Bau eines großartigen Monuments, auf das sie immer werden stolz sein können. Ein Bauwerk, welches ihre persönliche Lebenszeit überdauern würde und wo noch Generationen von belgischen Scouts daran vorüberschreiten werden, im Gedenken an ihre tapferen Ahnen.

Als ich meine herzergreifende Ansprache beendet hatte, blieb der erwartete Jubelsturm aus. Stattdessen betretene Stille, schweres Pusten und ein frecher Rülpser. Einer der käseweißen Heringe flüsterte:

»The fucking Germans want to build a wall ...«

Allgemeines Gekicher. Keine leichte Situation für Mo und mich.

»Sirius?«

»Mo?«

»Lass uns einfach anfangen.«

Ich nickte tapfer. Wir wuchteten große Brocken herum und begannen, einen Graben für das Geröllfundament auszuheben. Bald kam Paul, der dunkelhäutige Junge, uns zu Hilfe und fand offensichtlich Gefallen daran, seine große Körperkraft zu spüren. Die anderen schaufelten eher alibimäßig kleine Steinchen in den Schubkarren, kratzten mit der Hacke etwas über den Boden oder rauchten hinter dem Geröll, wo sie glaubten, niemand sähe sie.

Längst hatten wir die T-Shirts ausgezogen und während mein Rücken farblich immer mehr mit meiner knallroten Hose verschmolz, setzten wir bald die ersten Steine der Mauer. Drei weitere Belgier warfen sich nun ernsthaft ins steinige Getümmel. Es begann Spaß zu machen. Die ganze Situation erinnerte mich an einen Hollywood-Knastfilm, wo die Häftlinge bei brütender Hitze Steine klopfen mussten. Wir waren natürlich die Guten, die unschuldig eingesperrt waren und bei nächster Gelegenheit ausbüxen würden. Dana und Wolfi lebten derweil die Vorteile des Hundseins im Schatten eines Kornelkirschen-Bäumchens aus.

Mittagessen gab es in dem kleinen Steinhaus, wo wir mit den Langzeit-Volontären um den verranzten Tisch saßen. Nach fünf Portionen Spaghetti mit Gemüsepampe ging es wieder in den Steinbruch. Zwei Landsleute kamen als Frischfleisch in unsere Sträflingskolonie: Barbie und Max. Barbie war langbeinig, blauäugig und blond. Barbie eben. Max war ein kleiner, kräftiger Bursche ohne Hals, mit blondem Stoppelacker auf der Birne und kantiger Brille. Er hatte eine viel zu verwegene Stimme, welche nicht so recht zu seinem Äußeren passte. Er wirkte wie ein schlecht synchronisierter Filmschauspieler. Wie Dirk Bach mit der Stimme von John Wayne oder so ähnlich. Aber sonst war er ganz nett.

Irgendwann kam Lord Iwan an der Baustelle vorbei. Sofort standen wir stramm und präsentierten dem Chef unsere Fortschritte. Er schien nicht unzufrieden und lud uns ein, mit ihm zur örtlichen Schreinerei zu fahren. Dort gäbe es zum einen Sägespäne für das Kompostklo. Zum anderen frische Bärenspuren!

Wir bogen unsere langen Glieder in den viel zu kleinen Renault und noch bevor die Tür zuschlug, raste er mit uns davon. Iwan klemmte hinterm Steuer und riss das kleine Lenkrad wie wild hin und her, so dass ich Angst bekam, es könnte einfach abbrechen. Mit etwas Glück erreichten wir unbeschadet das Gelände. Als wir die Späne im Sack hatten, winkte Iwan uns hinüber zu einer angrenzenden Wiese.

»Seht ihr, wie hier das Gras heruntergetreten wurde? So wechselseitig wie die Halme liegen ist es typisch für den Bärengang.«

Fasziniert krabbelten wir dem Alten mit den Krücken hinterher.

»Der Bär war heute Nacht hier. Dort vorne hat er einen Ameisenhügel aufgebrochen.«

Wir sahen eine völlig zerstörte Ameisenstadt. Unglaublich, dass dieses riesige Tier sich so kleines Futter sucht.

»Vor allem auf die Eier und die Larven hat er es abgesehen.«

»Und wie viele Ameisen muss er essen, bis er satt ist?«, fragte Mo.

Iwan schaute ihn ein paar Sekunden lang seltsam an. Dann ging er einfach weiter. Dank meines schlauen Bärenbuches wusste ich, das Bären vor allem Insekten, Würmer, Pilze, Beeren, Grünzeug und Aas fressen. Das ihr Speiseplan mehr dem des Wildschweins glich als dem von Wolf und Luchs. Ein sammelnder Allesfresser, der eher selten das Jagdglück sucht. Zwischendurch versuchte ich mich beim Meister mit möglichst intelligenten Fragen zu profilieren. Allerdings mit bescheidenem Erfolg. Die Sache war klar: Wenn hier jemand Bescheid wusste, dann war es Iwan und auf Halbwissen aus schlauen Büchern gab er gar nichts.

Es wurde Abend. Wir holten den Bearhunter von Tomas Wirtshaus ab und zogen in den Gemüsegarten des Refugiums. Nun fühlten wir uns rundum zufrieden und angekommen in Kuterevo und es wurde Zeit, endlich einen Blick auf die Bären zu werfen. Was auf dem Hochsitz bei Kojcevje nicht hatte sein sollen, das war uns nun gewiss: Wir würden echte, leibhaftige Braunbären sehen. Ein großer, ein ganz besonderer, ein heiliger Moment für uns, nach unserer glücklichen Achterbahnfahrt, die uns hierhergeführt hatte. Dieser so sehnlichst erwartete Augenblick hatte allerdings einen ziemlich großen Haken: Ein Zaun zerschnitt ihn in tausend kleine Drahtquadrate.

So baumelten unsere Herzen irgendwo zwischen Freude und Zweifel, als wir den schmalen Pfad zu den Gehegen entlangschlenderten. War dies die Erfüllung unseres Traumes? Tatsächlich?

Gesträuch und Felsbrocken in kleinen Talmulden, um die drei Meter hohe Zäune auf einem Betonfundament gezogen waren, dahinter noch ein weiterer Elektrozaun. Der Bärenhochsicherheitstrakt. Größer und naturnaher als in jedem Zoo und doch: Für einen in Freiheit geborenen Bären ein Gefängnis. Es verfügte über ein Bärenplanschbecken, Betonhöhlen, ein paar Bäume und jede Menge Sträucher. Ein Trampelpfad führte an der Innenseite des Zauns entlang. Hier und da ein paar abgenagte Knochen und ein paar Vögel, die auf dem Boden herumpickten. Die Bären blieben wieder einmal unsichtbar. Doch diesmal würden wir sie ganz sicher sehen, das stand fest und trotz Draht fühlte sich dieser Moment gut an. Sommerabend. Grillenzirpen. Nur Sirius und Mo und die Braunbären – und die Touri-Familie, die ausgerechnet jetzt um die Ecke biegen musste.

Zwei schreiende Kinder, die gestresste Mutter mit dem Buggy und der Vater mit der fetten Kamera um den Hals vorneweg. Sie platzten in unseren heiligen Moment wie eine Blaskapelle in den Gottesdienst.

Ich fletschte die Zähne und begann zu knurren, während Mo mir beruhigend die Hand auf die Schulter legte. Da regte sich ein brauner Erdhaufen zwischen den Büschen. Langsam erhob er sich, gähnte, schüttelte sich und trottete los. Es war so unwirklich. Als hätte sich der Bär aus der Erde geformt und das Abendlicht ihn zum Leben erweckt. So oft hatte ich von ihm geträumt, so sehnsüchtig nach ihm gesucht. Wieder und wieder wähnte ich ihn so nahe und hatte ihn doch nie zu Gesicht bekommen. Jetzt war er da, atmete und bewegte sich nur wenige Meter von mir entfernt. Und doch lag eine Welt dazwischen, so durchsichtig wie der Zaun und so unüberwindbar.

Er erschien mir wie ein Fabelwesen. Wie eine Kreatur aus einer mythischen und zugleich wahrhaftigen Welt. Verschollen und auferstanden aus dem Schoß der Erdmutter. Wie Gold schimmerte es durch sein Fell, als leuchte ein geheimes Licht aus ihm heraus, als würde die Abendsonne in ihm zuhause sein.

Auf mächtigen Pranken schritt er durch die Strauchlandschaft. Die Äste bogen sich zur Seite, gleich so als wollten sie dem König des Waldes ein Spalier bilden. Sein mächtiger Schädel schwang leicht hin und her, seine Nase sog mit inbrünstiger Kraft dieselbe Luft ein, die auch wir atmeten. Er verschwand im Dickicht, um im selben Moment, nur fünf Meter von uns entfernt, wieder aus dem Grün aufzutauchen.

Einen Moment lang glaubte ich mal wieder zu träumen. Auf den zweiten Blick erkannte ich aber, dass es ein anderer, noch größerer Bär war. Ohne dass er den Kopf drehte, erfasste mich eines seiner kleinen, klugen Augen, aus dem ebenfalls dieses goldene Licht funkelte. War es nur der Abglanz der Abendsonne? Oder zauberte er sie an den Himmel? Ich fühlte mich in meinem tiefsten Innern ergriffen und bekam feuchte Augen. Feuchte Augen auf Grund dessen, einem so erhabenen Geschöpf so nahe zu sein. Eine Träne lief mir über die Wange, dafür, dass er hinter die inneren und äußeren Zäune der Menschen verbannt worden war. Eine weitere Träne dafür, dass es ihn noch immer gab und er bereit war, in sein Königreich zurückzukehren, wenn wir nur endlich unsere kleinkarierten Zäune aus Angst und Kontrollwahn einrissen.

Ich fühlte Mo mehr als dass ich ihn sah. Er war mit mir in diesem Moment. Ohne Worte. Die Touris waren völlig ausgeblendet. Aber wo waren Dana und Wolfi? Waren sie gerade eben noch neben mir gestanden, so hatten sie sich nun dezent in die dritte Reihe zurückgezogen und saßen mit eingeklappten Ohren und verlegenen Gesichtern im Sicherheitsabstand zu diesem braunen Mega-Hund. Sicher hatten sie seine Spur schon in Slowenien ein ums andere Mal gewittert, doch jetzt erst konnten sie sehen, was es mit ihr tatsächlich auf sich hatte.

Ein dritter Bär tauchte auf und kletterte verspielt einen dürren Baum hinauf. Hatten wir uns in Slowenien noch darauf eingeschworen, im Falle eines plötzlichen Bärenüberfalles ganz schnell auf einen Baum zu fliehen, wurde uns nun klar, wie lächerlich dieser Notfallplan gewesen war. Mit wenigen Zügen kletterte dieses Riesentier den scheinbar viel zu dünnen Stamm hinauf, machte ganz oben ein paar lustige Dehnübungen und stellte meine Vorstellung von Schwerkraft auf den Kopf.

Der ganz Große ließ sich in aller Bärenruhe direkt neben dem Zaun nieder. Die Leute riefen ihm mit Micky-Mouse-Stimmen zu, damit er doch mal für ein Erinnerungsfoto rüberschaue. Doch völlig gelassen blendete der Riese den albernen Zirkus einfach aus. Er war da, wo er war und er tat das, nach was ihm war. Ein Inbegriff der Gelassenheit, von der ich mir einen klitzekleinen Krümel abzubröseln versuchte.

Als der Vater endlich genug Bilder von dem Maschendrahtzaun mit den Kindern davor und den Bären dahinter gemacht hatte, verschwand die Truppe. Endlich waren wir alleine mit den Waldkönigen im Exil. Die letzten Strahlen der Sonne lagen waagrecht auf den Wäldern, dann war sie versunken, in den Bergen jenseits der Zäune. Dort wo die freien Bären des Velebit-Gebirges nun zu ihren Streifzügen aufbrachen. Unsere Blicke und Herzen schweiften dorthin.

XVIII.

Am Bärenfelsen

»Je mehr wir uns auf die Zeit einlassen und mit ihr dahineilen, desto weiter entfernt sie uns von dem Währenden. Das gilt auch für die Tiere; nie hat man von ihnen mehr und gleichzeitig weniger gewusst. Nie mehr, was ihre Anatomie und ihr Verhalten betrifft. Nie weniger über ihr heiles Wesen, ihren unberührten Schöpfungsglanz, wie ihn Märchen und Mythen als Wunder und wie ihn Kulte als göttlich erfasst haben.«
Ernst Jünger

Nach drei Tagen Kuterevo fühlte es sich an, als wären wir bereits eine Woche hier, mindestens. Mit Bärenkräften bauten wir unsere Mauer, rackerten, schwitzen, lachten, fluchten und waren stolz auf uns. Mein Rücken wurde immer röter, Barbies Beine immer länger, Maxs Hals immer kürzer und Helenas und Amelies Augen immer schöner. Die mickrigen Belgier bekamen dicke Ärmchen und die Zähne von Paul, dem schwarzen Elefantenbär, strahlten von Tag zu Tag heller, weil sein Lächeln immer breiter wurde. Ab und an kam Meister Iwan vorbei, begutachtete das Monument und gab sich recht zufrieden. Dana und Wolfgang verträumten den Tag im Schatten des

Kornelkirschbaums und wurden erst abends wieder aktiv. Mohammad und ich hatten viel Spaß miteinander. Ständig lachten wir und gingen auf unsere Running Gags ab, die außer uns niemand verstand. Zwischenrein sangen wir herzhaft schräg deutsche Lieder, die niemand kannte. Manch einer wusste nicht recht, wie er uns einordnen sollte. Wir dachten, wir würden in keine Schublade passen und das war uns gerade recht. Bis zu dem Moment, als wir merkten, dass wir längst in einer drinsteckten ...

Es war abends am Bärengehege. Wir himmelten gerade die Tiere an, als es hinter den Hecken brummte und rumpelte. Ein knallrotes Feuerwehrauto tauchte auf, gefühlte 70 Jahre alt. Kurz darauf rollte auch Iwans kleiner Panzer heran. Neben dem Meister saß Max, der einzige Mensch in Kuterevo, der beim Aussteigen aus dem Renault nicht den Kopf einziehen brauchte. Der Fahrer des Feuerwehrautos rollte den Schlauch aus. Als Iwan uns so unnütz herumstehen sah, befahl er uns, ihn hochzuhalten und über den Zaun zu zielen. Dann gab er dem Feuerwehrautofahrer ein Zeichen. Der schlaffe Schlauch wurde mit einem Male stramm und mit hohem Druck spritzte das Wasser über den Zaun ins Bärenplanschbecken.

Während der Meister im scharfen Ton dirigierte und Max aufgeregt hin und her sprang, in einem sich weder ihm noch uns erschließenden Auftrag, lachten Mo und ich in den höchsten Tönen und schwenkten dabei den Schlauch rhythmisch hin und her. Max beobachtete uns skeptisch von der Seite.

Wenig später war das Becken voll, die Bären planschten ausgelassen und der Schlauch erschlaffte wieder. Das Feuerwehrauto und der Iwan-Panzer fuhren davon. Max wartete noch einen Moment, dann trat er zwei Schritte näher an uns heran. Es schien ihm eine Frage auf der Zunge zu brennen, die er sich aber nicht so recht zu formulieren getraute. Er fing ganz unverfänglich an.

»Sagt mal, ihr seid doch mit dem grünen Wohnmobil unterwegs ...«

»Richtig«, sagte ich.
»Ganz schön eng da drin, so zu zweit ...«
»Wir sind zu viert«, stellte Mo richtig.
»Und in der kleinen Koje überm Fahrerhaus, da kann man ... schlafen?«
Was für blöde Fragen! Aber höflich wie ich nun mal war, antwortete ich ihm:
»Einer liegt oben und einer liegt unten, das geht einwandfrei.«
Dirk Wayne schwieg eine Weile, bevor er eine weitere komische Frage folgen ließ.
»Wie lange kennt ihr beide euch denn eigentlich schon?«
»Ich kenn Christian schon, seit ich vierzehn Jahre alt bin«, plauderte Mo fröhlich.
»Ich war bei ihm auf einem Selbstversorgerkurs mit der Waldjugend.«
»Ich war 29, aber irgendwie ist es, als wäre es erst gestern gewesen«, sagte ich lachend und legte meinen Arm um den Freund.
Maxs Blicke wurden immer kritischer.
»Und seitdem seid ihr schon ‚befreundet'?«
Mo sprach aus reinstem Herzen strahlend:
»Ja. Wir haben uns gesehen, erkannt und liebgewonnen!«
»Aha.«
Irgendetwas war ganz komisch.
»Ich muss dann mal zurück zum Camp«, sagte der Mann ohne Hals und machte sich hurtig auf den Weg.
Da dämmerte es mir:
»Scheiße, Mo, ich glaub der denkt, wir sind ...«
»Wir sind schwul!«, brüllte er.
»Oh Mann, was erzählst du dem auch? ‚Wir haben uns erkannt und liebgewonnen', ‚ich war 29 und du vierzehn'... Wir fahren mit unserem Homobil durch die Gegend, lachen und kichern die ganze Zeit und was wir in der Koje treiben, malt er sich in seiner schmutzigen Phantasie aus.«

Holy Bearshit

Und was ist, wenn nicht nur er das denkt, sondern auch die Mädels?«

»Scheiße ...«

Wir mussten das klären und zwar schnell, bevor Max die Erkenntnisse seiner neuesten Ermittlungen im ganzen Camp verbreitete. Nichts gegen Schwule, aber wir waren keine und wollten auch nicht, dass man denkt, wir wären welche. So schnell der Schmerz in unseren nackten Fußsohlen es zuließ, staksten wir über den spitzen Schotter. Max drehte sich um, sah uns kommen und beschleunigte seinen Schritt.

»Max«, keuchte Mo, »äh, wir müssen dir was erklären ...«

»Warte doch mal!«, rief ich mit schmerzverzerrtem Gesicht.

Er blieb stehen. Allah sei Dank. Völlig verunsichert starrte er in unsere Richtung, vermied dabei aber jeglichen Augenkontakt.

»Also, es ist keine Liebeserklärung!«, versuchte ich direkt das heiße Eisen aus dem Feuer zu nehmen.

»Wie soll ich sagen ... Ähm ... Wir sind nicht so, wie du vielleicht denkst ...«

»Ja, wir sind schon anders!«, half mir Mo.

Die Situation war schon so zerfahren, dass wir uns mit jedem Satz immer weiter belasteten.

»Was wollt ihr von mir?«, fragte Max verlegen.

»Wir glauben, dass du denkst, wir seien schwule Männer!«, brachte Mo es endlich auf den Punkt.

Er schluckte, dann lächelte er und sagte in beruhigendem Tonfall: »Hey Jungs, das ist schon okay. Jeder so, wie er es mag. Ich hab da kein Problem mit. Okay, das mit dem Altersunterschied und dass er damals noch minderjährig war, ist schon strange und vielleicht auch strafbar, aber das ist ja lange her.«

Das Essenshorn erschallte und Max nutzte die Gelegenheit, um endlich zu verschwinden. Mo und ich sahen uns an. Ernst. Dann halbernst. Kichernd. Und dann brach ein Lachanfall über uns herein, der uns zu Boden warf. Sollten doch alle denken was sie wollten,

solange wir nur das tun und lassen konnten, was wir wollten!
Am nächsten Tag holten Helena und Amelie uns frühzeitig von der Baustelle ab. Sie führten uns zur Veranda, wo schon um die zwanzig Leute auf Stühlen im Kreis saßen. Sollte das unser Comingout vor der Gruppe werden? Gottseidank nicht. Aufatmen. Ein Ehepaar war gekommen, um einen kleinen Vortrag über die Situation der Braunbären in Kroatien zu halten. Sie hatten ein Projekt namens Animalia gegründet und waren in Sachen Aufklärung über die prekäre Situation ihrer Schützlinge unterwegs. Sie berichteten Folgendes:

»Die Bären in Kroatien sind bedroht. Von staatlicher Seite her wird behauptet, sie würden immer zahlreicher. Die Tiere kommen immer öfter in Siedlungsnähe oder verursachen schwere Verkehrsunfälle auf den Straßen. Die jährliche Abschussquote von zehn Prozent müsse beibehalten, wenn nicht gar erhöht werden. Dazu muss man wissen: Jeder Abschuss bringt dem Staat Geld. Wie in Slowenien auch wird das Bärentöten an ausländische Jäger verkauft. Ebenso wächst die weltweite Nachfrage nach Holz. Dies hat dazu geführt, dass immer mehr eingeschlagen wird und immer mehr Forststraßen gebaut werden: Mitten in den besten Bärenhabitaten, die regelrecht ausgeschlachtet werden. Die Bären fliehen aus ihren angestammten Lebensräumen. Auf der Suche nach neuen Revieren stoßen sie an die Siedlungen der Menschen und kreuzen ihre Straßen. Es kommt zu Konflikten und Unfällen.

In Wahrheit aber stagniert der Bärenbestand, ja wahrscheinlich schrumpft er sogar. Die Wissenschaftler, welche gegenteilige Gutachten erstellen, werden von der Regierung engagiert. Diese erwartet das Ergebnis, für welches sie bezahlt hat. Und sie möchte weiter Holz und Bärenabschüsse verkaufen.

Die große Frage ist also: Wie viele Bären hat das Land? Da Bären allerdings keine Grenzen kennen, hunderte von Kilometern wandern und selbst breite Flüsse durchschwimmen können, gibt es gar keine rein ‚kroatische' Population. Es gibt nur eine dinarische, welche von

Slowenien, über Kroatien, Bosnien und Montenegro bis nach Albanien reicht. Wie will man, wenn man den Bestand nur erraten kann, eine Abschussquote ermessen?

Da Kroatien der Europäischen Union beigetreten ist, birgt dies allerdings die Chance, den Staat vor dem europäischen Gerichtshof zu verklagen. Nach EU-Recht ist der Bär streng geschützt. Doch um die Bären zu schützen, muss man sie kennen. Es braucht mehr Menschen, die sich für ihren Schutz einsetzen, grenzübergreifend. Der Bär steht für einen intakten Lebensraum. Schützen wir ihn, so schützen wir alles!«

Mit diesem Satz, der mir ein Wahrheitstränchen in meine sensiblen Äuglein trieb, beendeten die beiden ihren Vortrag. So musste ich erkennen, dass auch im Naturwunderland Kroatien die Bärenwelt bedroht ist.

Nachdenklich ging ich zu den Gehegen und schaute durch den Zaun. Ich, der aus der Menschenwelt und hinter Draht und Strom, die aus der wilden Welt. In Sicherheit. Welch ein Wahnsinn, dass wir uns so vor den Tieren fürchten. Dass es zu viele geben könnte, die uns bedrohen. Verkehrte Welt. Denn nicht die Bären sind eine Gefahr für uns Menschen, wir Menschen sind die Gefahr für die Bären. Genauso wie für Wölfe, Luchse, Wildkatzen, Fischotter, Biber, Uhus, Steinböcke, Kolkraben: für so viele Arten, die wir an den Rand ihrer Ausrottung gebracht haben. Wir müssen uns nur vor uns selber fürchten. Dass wir uns letzten Endes selbst ausrotten. Kein anderes Tier kann so intelligent und dumm zur gleichen Zeit sein, wie der Mensch.

Eine große Traurigkeit überkam mich und irgendwie schämte ich mich vor den Tieren im Gehege. Ich war ein Mensch. Exemplar einer Art, die sich selbst die Krone der Schöpfung nennt und zur ökologischen Katastrophe geworden ist. Wie passte das zusammen?

Helena rief mich aus meiner Melancholie. Mitkommen. Der Meister erwartete uns. Er ließ uns die hohe Ehre zuteil werden, mit uns zum Bärenfelsen zu fahren, um dort auf Spurensuche zu gehen. Mo saß bereits im kleinen, grünen Panzer und Iwan hupte ungeduldig, als er uns kommen sah. Dann begann der wilde Ritt durchs Velebit. Immer wieder schlugen unsere Köpfe gegen das Blechdach, wenn wir durch ein Schlagloch fuhren, von denen Iwan keines ausließ. Da musste man durch. Iwan deutete aus dem Fenster.

»Da seht ihr ein Schild. Hier stoßen zwei Jagdreviere aufeinander.«

Mein innerer Streber meldete sich sogleich zu Wort:

»Ja, ich weiß: Bärenmännchen haben große, feste Reviere, in denen sie keine anderen Männchen dulden.«

Iwan schüttelte wieder mal den Kopf: »Ja, ja ...«

»Bären lesen keine Schilder«, erklärte mir Helena. »Es ist für die Jäger.«

Wenig später bremste Iwan so scharf, dass meine Stirn gegen die Windschutzscheibe knallte. Dynamisch wie immer schwang er sich aus dem Wagen.

»Dort oben ist der Bärenfelsen. Um ihn herum befinden sich mehrere Überwinterungshöhlen der Bären. Der Ort scheint sie magisch anzuziehen. Dort werden wir frische Spuren finden können.«

Wir marschierten querfeldein, Iwan vorneweg und wir wie die Entchen hinterher. Immer wieder hielt er kurz inne und prüfte den Boden, ehe er sich auf seinen Krücken weiter durch den Wald schwang. Er gab sich keine Mühe leise zu sein. Eine Bärenbegegnung war offenbar nicht vorgesehen.

Bald kamen wir auf eine Lichtung. Dort blühten die wunderschönsten Blumen, hunderte Schmetterlinge tanzten über die Gräser und es duftete wie in meinem Kräuterschrank. Ein riesiger, blauschillernder Bockkäfer schaukelte auf einem hauchdünnen Grashalm. Kornelkirschen standen im losen Verbund auf der Wiese verteilt und über allem lag ein anderweltlich anmutender Schleier von Elfenglanz. Iwan zeigte wortlos nach oben. Alt und weise ragte der Bärenfelsen aus dem Grün, wie ein stummer Riese, der über diesen verwunschenen Ort wachte.

Wir entdeckten wechselseitig umgebogene Grashalme und mehrere aufgebrochene Ameisenhügel. Eindeutig das Werk eines Bären. Iwan wies uns auf eine breite Stelle niedergedrückten Grases hin: »Hier hat sich ein Bär auf dem Boden gewälzt. Neben der Kornelkirsche, die er so gerne mag. Die Bären sind nämlich auch Gärtner. Sie säen diese Pflanzen selbst aus. Sie fressen die Früchte und scheißen auf die Wiese. Mit bestem Dünger versehen wachsen die Samen zu Sträuchern heran.«

Abgeknabberte Blumen, abgeknickte Zweige und überall Fußabdrücke. Wir standen im Wohnzimmer des Bären und es war mir, als wäre er nur kurz ins Bad gegangen, um jeden Moment wieder zurückzukommen. Gerade als Helena, Mo und ich uns auf die Wiese gesetzt hatten, blies Iwan wieder zum Rückzug. Als wollte er nicht unhöflich sein und den Hausherren nicht zu lange stören. Uns immer wieder über die Schulter blickend folgten wir ihm gehorsam.

Zurück am Panzer, befahl er uns, einen alten Wurzelstock einzuladen.

»Wir werfen ihn ins Gehege. Das riecht nach Wildnis. Bären brauchen immer wieder neue Eindrücke, sonst werden sie blöde. Wie wir.«

Dann wandte sich der Meister in Richtung des Bärenfelsen und sang aus voller Kehle ein kroatisches Lied. Was es bedeutete, wussten wir nicht, aber es berührte uns sehr. War es ein Dankeslied an die Bären? Oder wollte er einfach nur Lärm machen, um die Bären zu vergraulen, damit sie sich auch zukünftig nicht zu nahe an die Menschen heranwagten? Iwan sagte nichts dazu und wir fragten auch nicht. Das war eine Sache zwischen ihm und den Bären.

Am Abend brannte ein großes Lagerfeuer im Refugium, um das sich alle Gäste und Helfer versammelten. Es gab Musik und Bärengeschichten aus ganz Europa zu hören. Im Lodern und Knistern versank ich in Gedanken. Wir waren weit gefahren und hatten auf unserer Reise viele interessante Menschen getroffen. Dabei wunderschöne Natur erlebt und verdammt viel Glück gehabt. Gefühlt waren wir oft sehr nahe daran, einen Bären zu Gesicht zu bekommen. In Kuterevo war es dann soweit – jedoch nur durch den Maschendrahtzaun. Die Begegnung mit dem freien, wilden Bären, wie ich sie so oft geträumt hatte und wie ich sie mir so sehr wünschte, hatte es nicht gegeben.

Das Ende unserer Tour stand unmittelbar bevor. Morgen würden Mo und ich Kuterevo verlassen, hinunter zur Küste fahren, noch zwei Tage an Frenki denken und dann war es das. Eine wunderschöne Reise. Aber hatte sich mein Traum wirklich erfüllt? Gerne hätte ich eine klare Antwort darauf gegeben.

Plötzlich kam Tumult auf. Leute standen auf, ein paar Mädels kreischten. Aus dem Dunkel sprang ein zotteliges Wesen, mit viel zu großem Kopf. Es brummte und knurrte. Doch seine Stimme klang viel zu lieblich, um echte Panik auszulösen. Als es vor mir auftauchte und mich anfauchte, erkannte ich das Gesicht von Amelie, das aus dem Bärenplüschkostüm herausspitzte und mich mit französischen Augen anfunkelte. Ein plötzlicher Hormonschwall schoss mir in sämtliche Glieder und während Mo neben mir mit Helena kicherte und sie sich knufften und pufften, erzählten Amelie und ich uns Bärengeschichten, bis der Mond auf Halbmast hing. Gerne hätte ich mich unter ihren plüschigen Riesenschädel gekuschelt und mir von Mama Bär mit dem süßesten Akzent der Welt den Bart kraulen lassen, doch Mo und ich hatten unsere Prinzipien. Das erste, oberste und vielleicht auch einzige hieß: Keine Reiseromanzen. Man soll gehen, wenn es am schönsten ist, auch wenn man dann nie erfahren wird, ob es vielleicht noch schöner hätte werden können. So befreite ich mich aus den Bärenfängen Amelies, löste Mo aus den Krallen Helenas und in trauter Kameradschaft gingen wir heim in unser Homobil, während Max uns nachdenklich hinterherblickte. Dieser offensichtliche Flirt mit den beiden attraktivsten Mädels des Refugiums passte nicht in sein Konzept. Yes! Raus aus der Schublade!

»Sirius?«
»Mo?«

»Ich glaube, der würde am liebsten mit uns kommen.«
»Das könnte sehr gut sein.«
»Vielleicht ist er ja homo?«
»Jeder so, wie er will.«
Schön war unser Nomadenleben und bald war es vorbei. Was blieb uns noch zu tun? Chillen am Strand, in die Adria springen und abends mit noch mehr Sonnenbrand lecker Fisch essen.

Die Grillen zirpten laut und schrill, als irgendwo in den Tiefen der Sommernacht ein Braunbär durchs Velebit streifte.

XIX.

Kaffeesatz und Bärentatzen

*‚Der Bär ist weiser als der Mensch, denn er weiß,
wie man den Winter übersteht, ohne zu essen.'*
Weisheit der Abenaki Indianer

Unser letzter Tag in Kuterevo. Wir polierten die deutsch-belgische Mauer. Ein Prachtwerk. Helena drückte uns Farbe und Pinsel in die Hand und legte uns ein Holzbrett zu Füßen. Zeit, unser Schild zu malen. Es würde seinen Platz zwischen all den anderen an den Totempfählen bekommen, um die Nachwelt an unsere vergebliche Bärensuche zu erinnern. Mo schrieb meinen Namen darauf, ich den seinen und wie es sich für ein Homobilpärchen gehörte, malten wir noch Pluszeichen dazwischen. Dazu kleckerten wir noch ein Profilbild des Bearhunters.

»Eines Tages könnte das mal sehr viel Geld wert sein«, sagte ich.

»Ja, in ungefähr fünftausend Jahren«, erwiderte Mo.

Helena und Amelie holten uns zum Mittagessen ab. Wir folgten ihnen durch das Dorf bis zum Haus einer gewissen Teta Dragica. Wir traten durch den Vorhang in eine kleine Stube, in der es nach Vergangenheit roch. Es war noch wärmer als draußen, was von dem

Holzofen herrührte, auf dem die Hühnersuppe kochte. Das Radio dudelte und ein paar Fliegen brummten träge durch den Raum, während hunderte ihrer Artgenossen schon an dem gelben Leimstreifen an der Decke klebten. Ein massiver Küchenschrank, ein Tisch, ein paar Stühle und ein Bett. An der Wand drei Heiligenbilder. Hier sah es aus wie in einem alten Fotoalbum. Großmütterlich, muffig und irgendwie heimelig.

Am Tisch saß Iwan. Er aß hier jeden Tag zu Mittag. Wir setzten uns zu ihm. Kurz darauf kam die alte Dame aus dem hinteren Zimmer. Ganz in schwarz gekleidet, nur ein paar schneeweiße Strähnen fielen ihr aus dem Kopftuch auf die faltige Stirn. Ein braungebranntes, gütiges Gesicht schaute uns mit kleinen, wachen Augen an. Wir reichten ihr die Hände und stellten uns vor.

»Ich bin Christian.«

»Und ich Mohammad.«

»Mohammad, Taliban?«, kicherte sie frech.

Eine wie ein Bär geformte Flasche kam zum Vorschein und das durchsichtige Nass darin war freilich kein Wasser. In diesem Dorf hatte jeder seinen Vorrat selbstgebrannten Zwetschgen- oder Kornelkirschenrakja im Schrank.

»Taliban no Alkohol«, sagte ich und musste wieder mal zwei Gläser leeren.

Dann kam die Suppe auf den Tisch. Zwei Hühnerfüße ragten aus ihr, so als hätte die Großmutter das Huhn kopfüber im Kochtopf ertränkt. Irgendwie gefiel mir das. Hier wurde nichts vergeudet. Da Teta Dragica nur kroatisch sprach, gestikulierte ich ihr meinen Wohlgefallen. Das war ein Fehler. Gastfreundlich wie sie war, fischte sie eine der Klauen heraus und legte sie mir auf den Teller. Dazu machte sie Essensbewegungen. Iwan bekam den anderen, den er sich unverzüglich durch den Bart schob. Herzhaft krachte es beim Kauen. Erwartungsvoll schauten Teta, die Mädels und Mo mich an. Ich zögerte, blickte hilfesuchend zu Helena, aber der grimmige Wink des Meisters ließ mir keine Wahl. Ich nahm den Hühnerfuß zwischen die Zähne und kaute tapfer. Mein vor kurzem noch bester Freund grinste spöttisch. Keine Ahnung, wie das Ding durch meinen Hals in den Magen gelangen sollte. Immerhin war er nach einer fünfminütigen Kauleistung so formbar, dass ich ihn in einer meiner Backentaschen verstauen konnte, um ihn in einem Moment allgemeiner Unaufmerksamkeit blitzschnell daraus hervorzuholen und ihn aus dem offenen Fenster hinter mir zu schleudern. Keiner hatte es gemerkt, außer natürlich Iwan, der langsam und verächtlich den Kopf schüttelte. Schnell einen Rakja hinterher und einfach so tun, als wäre nix gewesen.

Nach dem Essen verschwand Teta Dragica im Hinterzimmer, um kurz darauf mit einem Karton zurückzukommen. Er war voll mit seltsamen Hausschuhen, wie wir sie schon an manchen Füßen in Kuterevo gesehen hatten. Alles Unikate, die sie selber aus Wolle und Fetzen alter Kleidungsstücke fertigte. Das zweifelsohne Beste an ihnen aber war die Sohle: Sie war aus dem Schlauch eines alten Autoreifens geschnitten. Ein Paar gab es in unserer Größe und Teta lud uns ein, sie anzuprobieren. Abwechselnd steckten wir unsere Füße hinein und waren begeistert. Dank der flexiblen Sohle war es fast wie Barfußlaufen, nur dass kein Dorn und kein Stein die Füße piesacken konnte. Bärentatzen nannte Teta Dragica die Schlappen.

Klare Sache: Wir mussten unbedingt welche haben! Leider gab es nur das eine Paar, welches uns passte, doch die alte Dame versprach, noch heute ein weiteres Paar für uns anzufertigen. Morgen könnten wir sie abholen. Da ich mittlerweile bereits den vierten Rakja auf die Reise geschickt hatte und Amelie und Helena uns so lieb anschauten, war dies der dritte gute Grund, noch eine weitere Nacht in Kuterevo zu bleiben.

Während Iwan mit tief ins Gesicht gezogener Mütze auf seinem Stuhl vor sich hin schnarchte, verließen wir die gute Stube. Die pralle Mittagssonne machte aus den vier Rakja in meinem Bauch binnen zwei Minuten acht in meinem Kopf. Allein die Gegenwart der französischen Bärin Amelie ließ mich die Contenance wahren.

»Do you want to see Iwans house?«, fragte Helena. Mir war jeder Grund recht, um von der verschwommenen Straße runterzukommen. Sie stieß die Tür eines ebenfalls westernreifen Holzhauses auf und alle gingen hinein. Nur ich blieb am Türpfosten hängen.

»You want more Rakja?«, fragte die trinkfeste Serbin verschmitzt, die sich ihre immerhin drei Schnäpse nicht anmerken ließ.

»I'm fine!«, sagte ich und schaffte den Eintritt im zweiten Anlauf einwandfrei.

Das Erdgeschoss bestand aus einem einzigen großen Raum. Überall lag irgendetwas herum, das da irgendwie nicht hingehörte. Der alles überblickende Organisator des Bärenrefugiums war definitiv kein Held des Haushalts. Von der Decke hingen trockene Kräuterbüschel. Bücher stapelten sich ebenso wie schmutziges Geschirr und leere Bierkisten.

Mit einem gezielten Griff fischte Helena ein Fotoalbum hervor und legte es auf den Tisch. Es war die Chronik der ersten Jahre des Refugiums.

Am Anfang standen zwei kleine, verwaiste Bärenkinder. Iwan hatte sie in einem Schuppen untergebracht und päppelte sie auf. Es war ihm von Anfang an klar, dass die Tiere nicht wieder ausgewildert werden konnten. Sie verloren ihre natürliche Scheu vor den Menschen. Bald würden sie riesige, unglaublich starke Tiere sein, die nicht mehr in einem Schuppen leben konnten. Wenn sie überleben sollten, mussten große, bärengerechte Gehege her.

Mancher Bewohner Kuterevos betrachtete Iwans Engagement recht skeptisch, doch schon bald packte das halbe Dorf mit an. Die Menschen halfen den Bären und ihre Redlichkeit sollte ihnen gedankt werden. Touristen fanden den Weg in das abgelegene, zunehmend verwaisende Bergdorf, um die Bären zu sehen. Sie kauften Souvenirs und ließen so die alte Handwerkskunst der Bewohner wieder aufleben. Das Dorf erwachte zu neuem Leben. Seine Menschen hatten wieder etwas Gemeinsames: ihre Bären.

Beim Bärengehege nahm eine kleine Bar ihren Betrieb auf. In Tomas Gasthaus speisten und schliefen seitdem viele Besucher des Refugiums. Teta Dragica und einige andere ältere Damen fertigten Bärentatzen an und verkauften sie. Mit der Zeit kamen weitere in Not geratene Bären nach Kuterevo und der Ort wurde über die Landesgrenzen hinaus bekannt. Seither kommen Jahr für Jahr junge Menschen aus aller Herren Länder nach Kuterevo, um im Refugium mit anzupacken und das traditionelle Leben der Leute im Velebit kennenzulernen. Und ihren Rakja.

Nachdem ich zumindest fünf der gefühlten acht Schnäpse mit einem zweistündigen Powernapping im Schatten des Bearhunters unschädlich gemacht hatte, trafen wir uns in der kleinen Bar bei den Gehegen wieder. Als wir uns gerade darüber amüsierten, wie der notgeile Barköter die Katze des Hauses bestieg, tauchte Iwan auf. Kopfschüttelnd setzte er sich zu uns. Sein linker Ärmel war ein Stück nach oben gerutscht und jetzt wurde uns klar, warum er selbst bei größter Hitze immer ein langärmeliges Hemd trug. Seine Arme waren schwer vernarbt. Als er unsere Blicke bemerkte, sagte er kurz und knapp:

»Das war ein Bär.«

Dabei zupfte er sich den Ärmel wieder zurecht und ließ uns spüren, dass er nicht gewillt war, mehr darüber zu erzählen.

Als er zwei Rakja und zwei Bier später gegangen war, nötigten wir Helena, uns mehr über Iwans unsanfte Bärenbegegnung zu erzählen. Sie leerte ihr Glas und packte aus:

»Ein paar Jahre ist es schon her. Es war kurz vor der Winterruhe. Ein Filmteam war gekommen, um Aufnahmen vom Bärenrefugium zu machen. Iwan ging zusammen mit den Fernsehleuten und einer jungen Volontärin ins Gehege. Er kannte seine beiden Bären gut, er hatte sie ja großgezogen. Die Kamera stand weiter oben und filmte, wie er unten ein paar Arbeiten erledigte. Die Fremden machten Lärm und verbreiteten Hektik. Es war eine ungewohnte Situation, welche die Tiere verunsicherte. Iwan war sich seiner Sache sicher, doch plötzlich, von der einen auf die andere Sekunde, griff Mrnjo Brando die Helferin an. Ein Bärenmännchen, sechs Zentner schwer. Ehe der Bär sie zu packen bekam, sprang Iwan blitzschnell dazwischen und trommelte mit seinen Armen auf ihn ein. Der Bär riss ihn zu Boden. Iwan hielt seine Arme schützend vor sich. Brando biss zu, immer wieder. Während die sensationsgeilen Idioten des Fernsehteams immer weiter filmten, rannte ein Dorfbewohner in die Bar, in der wir gerade sitzen. Zufällig war ein Jäger zu Gast, der sein Gewehr im Auto hatte. Er schnappte die Waffe und rannte zum Gehege. Iwan lag blutüberströmt am Boden, völlig am Ende. Doch der Jäger fragte ihn erst um Erlaubnis. Jeder in Kuterevo hatte großen Respekt vor Iwan und wusste, was ihm dieser Bär bedeutete. Iwan nickte, dann erschoss der Jäger den Bären.«

Wir mussten schlucken.

»Iwans Leben war gerettet, doch er war todtraurig. Mrnjo Brando, den er mit der Flasche aufgezogen hatte, war tot und er wusste: Nicht der Bär hatte einen Fehler gemacht, sondern er, weil er das Filmteam ins Gehege gelassen hatte. Der Bär hatte die Situation nicht einordnen können, hatte Angst bekommen und angegriffen, so wie es Bären eben tun, wenn sie sich in die Enge getrieben fühlen. Es war ein großer Schock für Kuterevo und es war nicht klar, ob und wie es mit dem Bärenrefugium weitergehen sollte. Aber nachdem Iwan über den Berg war, entschloss er sich, weiterzumachen. Für die Bären, für Kuterevo und für all die jungen Menschen, die hierherkommen, um etwas ganz Besonderes zu erfahren.«

Darauf erstmal einen Rakja. Anschließend liefen wir zurück zum Refugium. Dort entdeckte ich auf der Fensterbank der Holzhütte, die gleich rechts neben dem Steinhaus stand, ein interessantes braunes Detail. Ich ging näher heran, nahm es und drehte und wendete es in meinen Händen. Es bestand kein Zweifel: Das war echte, sonnengetrocknete Bärenkacke! Man sah noch die Chitinpanzer halbverdauter Ameisen darin. Ein transformiertes Stück Materie, welches einmal komplett den heiligen Körper des Königs der Wälder durch-

laufen hatte. Ich musste es unbedingt haben. Es würde einen Ehrenplatz auf dem Altar in meinem neuen Zimmer bekommen, schön arrangiert, mit einem Teelichtlein davor.
»Sirius, hehr uff! Du bist komplett wahnsinnig.«
»Mo, hehr du uff! Das ist braunes Gold!«
Vielleicht konnte ich es bei Iwan als Abschiedsgeschenk beantragen? Ich eilte in den Bus, um ein passendes Gegengeschenk zu finden. Nichts schien mir geeigneter als ein Glas selbst gesammelten Kräutertees.
»Iwan denkt doch sowieso schon, dass wir total verrückt sind«, mahnte mich Mo.
»Und schwul«, ergänzte ich.
»Verrückte Homosexuelle, die Bärenkacke sammeln!«
»Was haben wir denn noch zu verlieren? Morgen sind wir hier weg.«
Plötzlich standen Amelie und Helena hinter uns.
»What's up? Are you okay?«
»Ähmmm, ja ...«, sagte ich und fühlte mich irgendwie ertappt. Mo rettete die Situation, indem er die Damen mit einer Frage ablenkte.
»We want to know, what is inside this tiny woodhood!«
»Let's open the door and have a look.«
Wir öffneten die Tür und betraten eine Schatzkammer. Eine Schatzkammer voll mit Bären! Kleine Bären, große Bären, alberne und ernste Bären. Bären aus Plüsch, Bären aus Plastik, Bären aus Holz, Bären aus Metall, aus Glas und aus Speckstein. Die Regale quollen über mit Fachbüchern, Abenteuerbüchern und Bilderbüchern. Alle waren vertreten: Balou, Fozzy Bear, Winnie Puh, die Glücksbärchis, die Gummibärenbande und verschiedene Werbeikonen aus aller Herren Länder. Auch die Bärenhaut, in der Amelie mich bezirzt hatte, hatte hier ihren Platz. Ein kleines Museum, welches zeigte, wie ausgeprägt und allgegenwärtig der Bär seine Spur durch das menschliche Bewusstsein zieht. Ob als wilde Urgewalt in den Bergen oder als kuscheliger Freund und Beschützer in der dunklen Höhle des nächtlichen Kinderzimmers.

Unter all diesen vielen Bären aber befand sich auch der eine, bei dem ich fast zu weinen angefangen hätte. Er hing an einem Schrank, genauso, wie er damals an der Tür zu meinem Kinderzimmer gehangen hatte. Mit seinen lieben schwarzen Augen, dem viel zu großen Kopf und der Bauchtasche wie von einem Känguru.

»Mo, ich kenne diesen Bären!«

»Jo, ein Plüschbär halt.«

»Nein, das ist nicht irgendeiner. Das ist meiner! Der hing immer an der Tür von meinem Kinderzimmer. Ich schwör es dir.«

»Ich bin mir sicher, dass es den mehr als einmal gibt«, war Mos nüchterne Reaktion.

Hochwahrscheinlich war das richtig. Doch nach all den verrückten Zufällen unserer Reise konnte und wollte ich aus Prinzip nicht ausschließen, dass es tatsächlich meiner war. Wie ein Wächter, wie ein Schwellenhüter, hatte er meine Höhle bewacht. Fünfundzwanzig Jahre war er in Vergessenheit geraten. Ich wusste nicht mehr, wo er damals hergekommen war und auch nicht, wohin er verschwunden ist. Jetzt traf ich ihn wieder, am Ende meiner Bärenreise.

Auch unsere zweite letzte Nacht in Kuterevo verbrachten wir in erhabener Keuschheit. Ohne Helena, ohne Amelie und selbstverständlich auch ohne Max. Wir waren Reisende und wollten weder gebrochene Herzen zurücklassen noch welche mitnehmen. Die Mädels hatten uns eingeladen, noch einen weiteren Tag und noch eine weitere Nacht zu bleiben. Es gäbe am nächsten Abend ein großes Fest zum Abschied der Scout-Gruppen, die ebenfalls vor der Abreise standen, dass wir auf keinen Fall verpassen sollten. Wir dankten ihnen, doch waren wir bereits länger geblieben als geplant. Nun freuten wir uns auf unseren doch wohlverdienten Feierabend am Meer. Früh gingen wir zu Bett.

Ich träumte, wir führen Richtung Meer, auf und ab, endlose Serpentinen. Und jedesmal, wenn wir glaubten, wir müssten gleich da sein, hing ein Transparent mit der Aufschrift Dobrodosli über der Straße und wir waren wieder in Kuterevo. Wie sehr wir uns auch bemühten: Jeder Weg führte uns immer wieder hierher.

So schrieb ich es morgens in mein Reiselogbuch, bevor wir bei Teta Dragica einliefen, um die versprochenen Schuhe abzuholen. Sie passten wie an den Fuß geschustert. Nun gingen wir beide wie auf Bärenpfoten. Helena und Amelie kamen hinzu und die alte Teta bot uns noch einen Kaffee an, damit wir dann richtig durchstarten konnten. Schwarz, mit Pulver im Topf gebrüht. Schmeckt gut, ist gesund und bietet die Möglichkeit, einen Blick in die Zukunft zu werfen.

Natürlich ist das alles Hokuspokus, aber wir waren in Kuterevo. Für jeden noch einen Rakja zur Inspiration und los ging's. Wir legten die Unterteller auf die Tassen und wendeten sie. Dann nahm einer nach dem anderen die Tasse weg und blickte auf seinen Flecken Kaffeematsch.

Wir beschlossen, uns gegenseitig darin zu lesen und ich nahm mir – wen wundert's – Amelies Zukunft vor. Das war schwierig, denn trotz Aufbietung meiner kompletten Kreativ-Ressourcen sah ich nur ein braunes Chaos. Auch ein weiterer Rakja konnte es nicht ordnen. Amelie wartete mit großen Augen auf meine wundervolle Offenbarung. Irgendetwas musste ich ihr erzählen. Vielleicht funktionieren Prophezeiungen ja tatsächlich selbsterfüllend, wenn man nur feste genug daran glaubt. So gesehen kann eine gute Geschichte mit schönen Aussichten auf keinen Fall verkehrt sein und rechtfertigte mein Flunkern. Mutter Erde, back to nature, zukünftige Reisen und ganz viel Friede, Freude, Eierkuchen versprach ich ihr. Sie nahm es mir dankbar ab.

So ging es Reih um. Ich weiß nicht mehr, was der Kaffeesatz über Helenas und Teta Dragicas Zukunft verriet, nicht mal Mos Prophezeiung habe ich mir gemerkt. Es ist mir wohl alles entfallen, in jenem Moment, als die alte Dame in meine Kaffeetasse sah. Sie murmelte kroatische Worte, die wie der Zauberspruch einer alten Seherin klangen. Helena übersetzte für mich:

»I can't see very much. Just a big brown bear.«

Ich runzelte die Stirn, nahm ihr die Tasse aus der Hand, starrte hinein und stellte sie ganz langsam wieder auf den Tisch. Da war nichts Beliebiges, nichts Vieldeutiges. Da war nur ein in Kaffeesatz gegossener Braunbär. Und Mo, Helena und Amelie sahen ihn auch. Darauf noch einen Schluck aus der Bärenflasche. Einen für mich und einen auf Mos Wohl.

»Maybe you should stay one more night …«, lockte Amelie.

Nein. Keine Chance. Da konnte sie noch so französisch schauen. Nix mehr Bär. Meer. Klingt so ähnlich, sorgt aber für weniger Enttäuschungen, weil es, anders als unsere Stecknadel im Heuhaufen, kaum zu verfehlen ist. Natürlich hätte ich es wieder als ein Zeichen deuten können, welches mir sagt, ich solle hierbleiben, dann käme der Bär schon noch. Könnte ja sein. Aber es verriet mir nicht, wie lange ich dafür noch Kuterevo und seinem Rakja treu bleiben müsste. Wahrscheinlich bis ich zum Alkoholiker geworden wäre.

Schildkrötentempo. Jederzeit ist jetzt. Schön und gut. Aber es gab Termine jenseits der Schildkrötenzeit. Wir mussten heim. Die Jagd nach dem Phantom war vorbei und sein Bild in meiner Tasse nahm ich als einen außergewöhnlich netten Abschiedsgruß. Mehr nicht.

Mit vielen Dankesworten und mehreren Bücklingen verabschiedeten wir uns von der alten Teta Dragica. Ich drückte Amelie zehn Sekunden länger als üblich, Mo tat gleiches mit Helena. Das war alles. Wir hatten eine schöne Zeit zusammen. In ein paar Tagen, die sich wie Wochen anfühlten, waren wir von Fremden zu Freunden geworden.

Der Bearhunter wartete darauf, endlich wieder loszurollen. Wolfi saß erwartungsvoll hinterm Steuer. Dana bellte ungeduldig auf dem Beifahrersitz. Wir lungerten noch etwas herum, prüften den Ölstand, den Reifendruck und bogen die Außenspiegel vor und zurück. Dabei schielten wir immer wieder hinüber, ob wir irgendwo Iwan entdecken konnten. Wir wollten nicht fahren, ohne ihm Adieu zu sagen. – Und ihn im gleichen Atemzug nach der Bärenkacke zu fragen. Nach der dritten Runde Reifendruck per Fußtritt prüfen, wurde es langsam peinlich.

»Lass uns fahren«, sagte Mo und ich nickte.

Wir stiegen ein. Der Schlüssel drehte sich und die gewohnt dramatischen Nebeleffekte setzten ein. Hupend und winkend fuhren wir davon. Lebwohl Kuterevo!

Bei der Kirche wären wir fast mit dem kleinen Flitzepanzer kollidiert. Iwan! Was nun? Nochmal umdrehen ginge gar nicht. Andererseits zu verschwinden, ohne dem Meister Tschüss zu sagen: Auch doof. Außerdem ging es um die Bärenkacke.

Fröhlich winkend kamen wir die Straße wieder runtergefahren, als wären wir ein Jahr weg gewesen. Noch einmal tief durchatmen und sammeln, dann stiegen wir aus und liefen schnurstracks auf Iwan zu.

»Wir wollten uns noch bedanken für alles«, leitete ich ein.

»Ja, war echt eine Superzeit hier!«

Iwan schüttelte uns die Hände. Für eine Umarmung war der Meister nicht zu haben. Sentimentaler Hippie-Quatsch. Aber für das Glas Kräutertee, das ich nun feierlich hinter meinem Rücken hervorholte.

»Selbstgesammelt und gemischt. Schmeckt und wirkt Wunder!«, versprach ich ihm.

Iwan nahm es dankbar entgegen.

»Habt eine gute Heimreise. Und eines nehmt mit auf euren Weg: Erst denken, dann fragen!«

Wir schluckten es unkommentiert. Die beste Frage hatten wir uns ja noch für den Schluss aufgehoben. Jetzt oder nie. Ich sah Mo an, doch der schüttelte mit dem Kopf. Das war mein Part. Ich wollte unbedingt die Bärenkacke haben.

»Darf ich dich auch um ein kleines Abschiedsgeschenk bitten?«

Iwan bekam sofort wieder seinen ‚Was ist eigentlich mit denen los'-Blick. Das verunsicherte mich zutiefst, aber es gab kein Zurück. Ich musste es durchziehen.

»Was wollt ihr haben?«, fragte er.

»Das kleine Braune da drüben auf der Fensterbank«, murmelte ich leise.

Iwan sah hinüber zu dem Bärenhaufen.

»Das da?«, fragte er genauso leise und ich nickte stumm.

Seine Hand glitt halb unter die Mütze und kratzte seinen Kopf, langsam und quälend.

»Was wollt ihr damit?«

»Als Andenken an die schöne Zeit hier«, half mir Mo aus meiner Verlegenheit. Iwan schüttelte den Kopf, so ausgiebig wie nie zuvor.

»Nehmt es mit.«

Unser Ansehen in den Augen des Meisters war vollends hinüber, aber wir hatten die Bärenkacke und das war, was wirklich zählte. Vorsichtig, dass sie ja nicht auseinanderfiele, nahm ich sie von der Fensterbank und tat sie in ein leeres Glas, während Iwan mit seinem Glas Kräutertee im Steinhaus verschwand. Wir ahnten nicht, was für einen folgenschweren Tausch wir gerade begangen hatten.

XX.

Holy Bearshit

»Der Bär steht für etwas, das richtig ist mit der Welt.«
Charles Jonkel

Als wir uns umdrehten, standen Amelie und Helena da, schauten auf das Glas Bärenkacke in meiner Hand und grinsten breit.
»Just say nothing«, flüsterte Amelie.
Mir wäre ohnehin nichts eingefallen.
»So, you will stay one more night for the big party?«
Wie kamen wir hier bloß jemals wieder weg?
»No, we have to leave, tomorrow we will take the ferry to Italy and drive straight north and ..."
Helena ließ mich nicht ausreden.
»Tomorrow is not today. You will stay. And we will go together to the party at the mountain. Basta."
Mit diesen Worten ließ sie uns stehen. Amelie zuckte kurz mit den Schultern und folgte ihr.
»Das Meer wird doch völlig überbewertet«, sagte Mo und schaute beeindruckt hinter Helena her.
»Du meinst, wir sollten nicht ans Meer fahren und Fisch essen?«

»Ich meine, wir sollten hierbleiben und schauen, was es auf dem Berg zum Abendessen gibt.«
Das fühlte sich gut an. Und richtig. Richtig gut. Wahrscheinlich kämen wir nie wieder von hier weg. Aber was sollte es? Es gab schlimmere Schicksale, als in Kuterevo zum Alkoholiker zu werden. Wir suchten uns ein schattiges Plätzchen und gammelten dem Abend entgegen.

Als die Kirchenglocke endlich sieben schlug, ging ich noch einmal zu den Bären. Durch den Zaun sah ich den großen Braunen, wie er verschlafen unter einem Strauch hervorblinzelte. Er witterte kurz, dann stand er auf, schüttelte sich die Müdigkeit aus dem Pelz und machte sich auf zu seiner Abendrunde. Wie kraftvoll er sich dabei bewegte, in sich ruhend und tief verbunden. Ich saugte diesen Moment in mich auf, prägte ihn in den innersten Kern meiner Zellen und wünschte mir, dass sein Abdruck dort niemals verblassen möge. Dass er leuchte, wann immer ich mich im Dunklen wähne. Dass er mir Bärenruhe schenke, wann immer ich in Hektik gerate und dass er mir Bärenkräfte verleihe, wann immer ich mich schwach fühlte. Dann atmete ich dreimal tief durch und ging, ohne mich noch einmal umzudrehen.

Mo saß bereits hinterm Steuer. Helena und Amelie stiegen zu Wolfi und Dana in den Mannschaftsraum. Im Rückspiegel sah ich einen Anflug von Stolz in ihren lächelnden Gesichtern, mit uns im Bearhunter unterwegs zu sein. Zumindest bildete ich mir das ein. In filmreifes Abendrot gehüllt, schlängelte sich die Straße auf den Berg Kopija. Es war wie der Vorspann einer unvergesslichen Sommernacht.

Oben angekommen, parkten wir neben einem Jesuskreuz. Wie hatte der fromme Walter gesungen:

‚Der Herr weist uns den Weg, und auch wenn wir ihn nicht gleich verstehen, müssen wir doch immer weitergehen. Er führt er uns durch alle Wirren und wir werden uns nicht verirren. Was geschehen soll, wird

geschehen. Halleluja! Halleluja! Allah u Akbar!'
Das Verslein trällernd, zogen wir unsere neuen Bärentatzen an. Dann folgten wir den Mädels in den Wald zu einem wundervollen Platz. Dort gab es ein abgefahrenes Baumhaus, das genug Platz zum Schlafen für mindestens zehn Leute bot. Zähneputzen und dergleichen mehr konnte man in einem Waldbadezimmer. Daneben standen Kompostklos. Ein Schacht führte etwa drei Meter senkrecht in die Erde, wo sich ein kühler Lagerkeller befand. Nicht weit davon gab es zwei große Tafeln mit Bänken. Ein Feuer brannte und überall wuselten belgische Scouts herum, welche das Festessen vorbereiteten. Hier gefiel es uns.

»It's time!«, sagte Helena und führte uns auf einem mit weißen Steinen markierten Weg den Hang hinunter zu einem kreisrunden Platz. Dort wehten die drei Fahnen der Scoutgruppen und unter einer jeder sammelten sich die ihr zugehörigen Jugendlichen und deren Betreuer. Sie alle blickten auf die Feuerstelle mit dem über zwei Meter hohen Holzhaufen. Davor stand, auf eine Krücke gestützt, Iwan der Bärenmeister. Als er Amelie erblickte, winkte er sie zu sich. Hinter ihm lag ein alter Koffer auf dem Brennholz.

»Was hat er bloß vor?«, fragte mich Mo.
»Sieht aus wie ein Scheiterhaufen. Hoffentlich nicht für Amelie …«
»Nein, ich glaube, er will den Koffer verbrennen. Aber warum?«
»Es ist schon peinlich genug, dass wir ihn nach der Bärenkacke als Abschiedsgeschenk gefragt haben und dass wir trotzdem immer noch da sind. Frag ihn bitte nicht Mo.«
Aber Mo konnte es einfach nicht lassen:
»Iwan!«, rief er laut. »Warum willst du den Koffer verbrennen?«
Der Alte schaute kurz herüber, wer da so blöd fragte. Wir winkten ihm und er tat, was er tun musste. Er rollte die Augen und schüttelte seinen Kopf. Dann wandte er sich wieder nach vorne und hielt eine Rede, welche Amelie für die Belgier ins Französische übersetzte:
»Ich danke den Helfern von Kuterevo. Nehmt das, was ihr hier erfahren habt, mit nach Hause, bewahrt es in euren Herzen und

tragt es weiter. Schützt die Natur vor eurer Haustüre. Wenn es dort keine Bären gibt, dann helft den Kröten bei ihrer Wanderung über die Straßen, schafft Brutmöglichkeiten für Wildbienen oder sammelt den Müll aus euren Wäldern und Gewässern. Sprecht mit den Menschen, ladet sie ein, ihre alten Traditionen zu erhalten und zu bewahren. Lebt ein naturverbundenes Leben. Alles, was ihr der Natur Gutes tut, ist im Sinne der Bären und hilft ihnen, denn alles ist miteinander verbunden. So wird es auch euch gut ergehen. Ihr seid jetzt die Freunde der Bären!«

Eine ergriffene Stille lag über Kopija. Einen langen Augenblick hörte man nur den sakralen Gesang eines Waldvögleins, dann nahm Iwan den Koffer von dem Holzstoß und legte ihn vor sich auf den Boden. Er öffnete ihn, holte an Bändern befestigte Talismane daraus hervor und gab sie Amelie. Es waren dieselben aus Holz geschnitzten Bären, die auch Helena und Amelie um den Hals trugen.

Einer nach dem anderen traten nun die Scouts vor. Unser fleißiger Bärengorilla Paul war der erste. Amelie reichte Iwan einen der Talismane, den er Paul umhängte. Der Meister sprach in feierlichem Tonfall einen kroatischen Satz, welcher für mich wie ein Zauberspruch klang. Paul brüllte daraufhin ein lautes ‚Kuterevo!', dann schüttelte der Meister seine Hände und haute ihm einmal rechts und einmal links auf die Oberarme, so dass er fast umgefallen wäre. So geadelt lief Paul, eine Bärenportion stolzer und selbstbewusster als zuvor, zurück an seinen Platz.

Etwas ganz Großartiges passierte hier. Es war ein heiliges Ritual, ohne Räucherstäbchen und esoterisches Heitschibombeitschi. Iwan verankerte die Erfahrung in den jungen Menschen, die hier mit Leibeskräften etwas Gutes für die Welt getan hatten. Sie hatten den Bären geholfen, dabei ihre eigene Kraft erfahren und würden diese Bärenkraft mit in die Heimat nehmen. Der Talisman um ihren Hals war die Erinnerung daran, dass sie nun Freunde der Bären waren. Sie würden Boten sein für mehr Achtung und Verständnis für unsere wilde Natur.

Nachdem alle Scouts an der Reihe waren, traten auch Mo und ich vor. Feierlich nahmen wir unseren Bärenprankenritterschlag entgegen, der mit großer Kraft aus den Armen erfolgte, die einst ein Bär zerrissen hatte. Iwan war ein echter Berserker, eine Bärenhaut. Ich spürte, wie dieser alte Mann aus dem tragischen Geschick von damals seine Bärenkraft bezog, die er nun weitergab. Über all die Jahre hat er so wohl in tausenden von Menschen den Samen geweckt, der vermutlich in einem jeden von uns schlummert. Den Samen der Verantwortung und des Mutes, dafür einzustehen, unsere Welt ein Stück besser werden zu lassen.

Nun zogen alle zu den Tafeln, auf denen gegrillte Fische und Kartoffeln serviert wurden. Während die Sterne am Nachthimmel erschienen, begann ein rauschendes Fest. Der knusprige Fisch war vorzüglich und das belgische Bier war absolut kompatibel mit dem kroatischen Rakja. Herzhaft grölten die Scouts ihre Lieder. Es war wie das große Gelage am Ende der Asterix-Comics. Der perfekte Abschluss unseres Bärenabenteuers.

»Ich bin gleich wieder da«, sagte ich, von Völlegefühlen geplagt, zu meinen Freunden, stand auf und drehte in Begleitung von Wolfi eine kleine Runde über den Platz. Wir kamen zu sieben Holzpfählen, die wie Akkupunkturnadeln in der Erde steckten. Sie entsprachen der Sternenkonstellation des Großen Bären. Ich spürte eine besondere Kraft. Himmel und Erde verbanden sich hier.

Ein schwarzer Schatten huschte an mir vorüber. Es war Dana auf der Suche nach einem ruhigen Plätzchen, denn sie hatte einen gestohlenen Fisch im Maul, den sie ungestraft verspeisen wollte. Lächelnd ließ ich sie gewähren. Sie hatte es sich verdient. Ich folgte ihr ein Stück weit ins Dunkel.

So kam ich zu großen Gesteinsbrocken, auf denen liebevoll beschriebene Holztafeln lagen. Jahreszahlen und Namen standen darauf. Es waren die Gräber der verstorbenen Bären Kuterevos. Mrnjo

Brando war auch dabei. Hell strahlten die Steine im Mondschein. Ein heiliger Schauer erfasste mich. Meine Träume und all die verrückten Zufälle hatten mich zu einem Ort geführt, wo Bärenkraft die Menschen berührte. Wo sie sich in die Herzen schlich, um von hier aus in alle Winde getragen zu werden. Auch wenn ich keinen Bären im Wald gefunden hatte, so hatte er den Weg in mich gefunden. Als Zeichen dafür hing nun der kleine Talisman um meinen Hals. Wie ein Orden für eine erfüllte Mission. Voller Dankbarkeit küsste ich die Erde, unter der die Bären ruhten und über der das Siebengestirn leuchtete. Ich hatte mehr gefunden, als ich gesucht hatte.

Als die Hunde und ich zum Fest zurückkamen, entdeckte ich Mo, Helena und Amelie oberhalb der Festtafeln. Sie saßen auf der Wiese, zu Füßen einer dicken Buche. Mo war auf Tuchfühlung mit Helena gegangen und der einzig freie Platz war der neben Amelie. Zu viert saßen wir Arm in Arm auf der Erde, Wolfi und Dana rollten sich zu unseren Füßen. Zu diesem schönen Happy End fehlte doch jetzt nur noch eines: ein würziger Narrenkraut-Stängel! Auch die Damen waren dieser Idee recht zugetan und so liefen wir gemeinsam hinunter zum Bearhunter, um die nötigen Zutaten zu besorgen.

Beim Jesuskreuz blieben wir wie erstarrt stehen und hielten uns die Hände vor die Augen. Eine grelle Lampe leuchtete uns in die Gesichter.

»Ah, Helena!«, sagte eine raue Stimme und das Licht erlosch wieder. Neben dem Bearhunter stand ein Geländewagen, an dem drei Männer mit Gewehren lehnten.

»Rakja!«, rief einer und winkte uns mit der Flasche. Es waren Jäger. Mit einer schrillen Pfeife ahmten sie den Ruf einer lüsternen Ricke nach, in der Hoffnung, so einen Rehbock vor die Flinte zu bekommen. Sie würden ihn blenden und dann abknallen.

»But don't worry, we don't shoot bears!«, sagte der mit der Lampe und grinste mit seinen zwei verbliebenen Zähnen.

»We saw one crossing the road, not far from here. Be careful!", sagte der Dicke neben ihm, dann lachten alle dreckig, aber herzlich. Vielleicht wollte er uns auch nur einen Bären aufbinden. Keine Ahnung und kein Grund zur Aufregung. Wir hatten Feierabend. Nach einem Anstandsrakja mit den Jägern verschwand ich im Bus, um das Gras zu holen. Schon recht lustig bedudelt, kramte ich hier und da, öffnete jeden Schrank und jede Schublade, aber konnte es nicht finden. Im Laufe der Reise war mir immer wieder ein noch besseres Versteck eingefallen und das letzte war offensichtlich so gut, dass ich es jetzt selbst nicht mehr fand. Aber ich musste es finden, unbedingt!

»Sirius? Was machst du da drin? Wo bleibst du?«

Mo stand ungeduldig im Dunkeln vorm Bus.

»Komm rein. Und sag mir, wo das Narrenkraut ist!«

»Sag bloß, jetzt findest du es nicht mehr!«

»Jetzt finde ich es nicht mehr!«

Mo sprang hinein und schaute in dieselben Schubladen und Schränke, wo ich mittlerweile schon jeweils zwei bis drei Mal nachgesehen hatte, außerdem noch unter der Matratze und in der Abstellkammer. Nichts.

»Okay, lass uns aufhören, es im Bus zu suchen. Wir müssen es in unserem Kopf suchen!«, schlug ich vor.

»Du musst es in deinem Kopf suchen!«, stellte Mo entschieden klar.

Ich suchte in den Windungen meines Gehirns zwischen Bergen von Erinnerungen. Bis Rijeka kam ich, doch da verlor sich die Spur im südpfälzischen Nebel. Mo half mir heraus.

»Die Grenze! Die Gläser mit den Teekräutern!«

Ich schlug mir an die Stirn. Das war es! Natürlich. Ich hatte das Päckchen in Rijeka in einem Glas voller Teekräuter versteckt, nachdem uns die Grenzpolizistin zuvor auf die geniale Idee gebracht hatte. Aber in welchem?

Wir begannen sie aufzuschrauben, eines nach dem anderen. Unsere Gesichter wurden immer länger. Nach dem letzten Glas Schafgarbe, sahen wir uns mit der bitteren Erkenntnis konfrontiert:

»Iwan!«

Es blieb nur das eine Glas übrig, welches wir Meister Iwan geschenkt hatten. Im gepriesenen, selbst gesammelten Kräutertee. Um nicht zu schreien, biss ich in meine Matratze. Mo fluchte und gab mir arabische Tiernamen.

»Everything okay inside?«

Die Mädels streckten ihre Köpfe in den Bus. Auch das noch.

»Oh, yes, we are fine«, beruhigte Mo.

Wir brauchten ganz dringend eine göttliche Inspiration, um die Situation zu retten und nicht endgültig wie die Volleumel dazustehen. Mein Blick schweifte verzweifelnd durch den Bearhunter. Da schob sich eine Wolke beiseite und ein Strahl Mondlicht fiel genau auf das Glas neben Armaturenbrett-Bruno. Magisch erstrahlte sein Inhalt. Ich stieß Mo an und zeigte wortlos darauf.

»Du willst doch nicht etwa …«

»Warum nicht?«

»Weil das Bärenkacke ist!«

»Hat bestimmt noch keiner probiert. Vielleicht wirkt es ja!«

»Der Glaube versetzt Berge, sagt doch euer Sandalenhampelmann.«

Entschlossen sahen wir uns an und nickten.

»Let's smoke Bearshit!«

Dass wir und dass diese ganze Reise verrückt waren, war sowieso längst klar. Und diese Tatsache würden wir jetzt mit einem schönen Bearshit-Joint ein für alle Mal besiegeln. Ich kramte den Räucherbeifuß hervor, legte eine Schicht davon auf das Zigarettenpapier und bröselte etwas Bärenkacke darüber. Dann rollte ich es zusammen. Grinsend sprangen wir aus dem Bus und hakten Helena und Amelie unter.

»Lets go smoking the best joint ever!«

Wir platzierten uns wieder unter die dicke Buche und zündeten feierlich das Räucherkraut der Ahnen an, fein gewürzt mit heiligem Bearshit. Die Mischung schmeckte echt nicht schlecht, nach fünf bis sechs Zügen sogar äußerst delikat.

»It's a strange taste, your german weed, but it's good!«, bemerkte Helena und auch Amelie blies zufrieden kleine Wölkchen in den Nachthimmel. Tatsächlich meinte ich eine Veränderung meines gängigen Bewusstseinszustandes zu bemerken. Ein beflügelndes Gefühl und den Drang zu albernem Gekicher. Es hätte natürlich auch der Rakja sein können. Das wäre naheliegend gewesen. Doch auch mein alkoholenthaltsamer Muselbruder Mo konnte es fühlen. Wir waren auf Bearshit!

Das große Lagerfeuer, die torkelnden belgischen Halbstarken drum herum, Max, der eifrig mit einem zierlichen Franzosen flirtete und Barbie, die mit ihrem Ken zankte. Wir vier unterm Baum, wo normalerweise Troubadix gefesselt sitzt und die Mädels völlig angeturnt von unserem Bärenkacke-Joint: Es war wie im Comic.

Helena und Amelie wurden immer kuschelbedürftiger. Wir mussten unbedingt die Kontrolle behalten, durften auf keinen Fall im Bearshit-Rausch Dinge tun, die wir morgen oder spätestens übermorgen bereuen würden. Da sah ich plötzlich die mahnende Silhouette des auf seine Krücke gestützten Iwans, vor dem großen Feuer. Unter dem Vorwand akuten Blasendruckes zog ich Mo beiseite. Wir verschwanden im Schatten und pinkelten einvernehmlich.

»Mo, alter Junge, wir müssen vernünftig sein. Finger weg von Iwans Mädels!«

»Sirius, das wird immer unwahrscheinlicher.«

»Ich weiß. Deswegen müssen wir noch vernünftiger sein und jetzt unverzüglich die Bombe entschärfen gehen.«

»Welche Bombe?«

»Die in Iwans Teeglas.«

Mo schnaufte tief, dann nickte er ernst.

»Wir müssen tun, was Männer tun müssen«, sagte ich.

»Du meinst, doch mit Helena und Amelie in Kopijas Büschen verschwinden?«

»Nein. Ich meine den letzten Rest unseres Ansehens in Kuterevo bewahren.«

»Jetzt?«
»Wenn nicht jetzt, wann dann?«
Wir schüttelten ab und waren uns einig. Den Mädels erzählten wir, dass Mo sein Handy im Refugium vergessen hätte.
»Do you need it tonight?«, fragte Helena.
Berechtigte Frage.
»He has to call his mom, it's her birthday!«
«You can have my phone!", hilfsbereit griff Amelie in die Tasche ihrer viel zu kurz abgeschnittenen Jeans.
»But I don't know the number.«

Wir waren raus. Helena erklärte uns, wie wir zu Fuß zurück nach Kuterevo kämen. Ein schmaler Pfad führte quer durch den Wald bergab. Ihn zu gehen war genauso schnell, als wenn wir mit dem Bearhunter die Serpentinen um den ganzen Berg herumfahren würden – und weniger kompliziert. Da ich schon einige Rakjas zu viel getrunken hatte und außerdem auf unberechenbarem Bearshit war, machte mich der Fußpfad durch den Wald ohnehin mehr an. Etwas enttäuscht blickten Helena und Amelie uns nach, als wir uns den Weg durch die betrunkenen Scouts bahnten. Immerhin blieben Wolfi und Dana bei ihnen und trösteten sie.

Kurz darauf tappten wir auf Teta Dragicas Bärenschlappen durch finsteren Wald. Der Lärm des Festes wurde immer mehr vom Schweigen der Nacht verschlungen. Eine Eule rief. Die weißen Steine, die den schmalen Pfad säumten, gaben uns Orientierung. Wir gingen wortlos, wie an einem unsichtbaren Faden gezogen. Die Bärensohlen machten unsere Schritte beinahe unhörbar. Schwarz und ein wenig bedrohlich hingen die Wipfel der Bäume vor dem Sternenhimmel. Links und rechts unseres Weges war hoher Farn. Ich flüsterte, als wäre ich in einem Traum und wollte mich selbst nicht aufwecken:
»Mo, was machen wir eigentlich hier?«
»Berechtigte Frage.«
»Ich fühl mich wie im Traum.«

»Irgendwie alles ein bißchen unwirklich.«
»Aber gut.«
»Genial.«
Dann schwiegen wir wieder. Ich dachte darüber nach, wie es wäre, die neue, völlig legale Naturdroge Bearshit auf den Markt zu bringen. Wir würden sehr reich werden und gleichzeitig einen großen Beitrag zum Schutz der Braunbären leisten. Ihre Kacke wäre im Nu so wertvoll, dass es keine Abschusslizenzen mehr gäbe.

Und dann raschelte es im Wald. Einmal. Zweimal. Ein kurzes, lautes Rauschen, wie wenn etwas Großes und Schweres durch den Farn springt. Wir erstarrten. Genauso wie das Wesen dort vor uns im Dunkeln. Wir hörten es tief atmen, die Luft einsaugen und wieder ausstoßen. Es war das gleiche Geräusch wie damals bei Koprivnik. Es nahm Witterung auf. Welche seltsamen Kreaturen kreuzten hier des Nachts seinen Weg?

Es waren Sirius und Mo auf Bärensohlen, mit Holzbär um den Hals und Bearshit im Hirn. Auf der Suche nach Frenkis Narrenkraut, dem Mann mit der Schildkröte auf der Hand, der ihnen gesagt hatte: ‚Braunbärcher sinn ka Blaubeercher!'

Nun standen wir dem Braunbären gegenüber und mussten Frenki Recht geben. Nur wenige Meter trennten uns. Wir konnten ihn nicht sehen und er uns nicht. Aber wir spürten uns durch den hauchdünnen Schleier der Nacht. Ohne Zaun, wild und frei. Erhaben und gefährlich.

Ich spürte keine Angst, fühlte mich nur durchdrungen von einer vollendeten Wachsamkeit, einer absoluten Präsenz im Hier und Jetzt. Überwirklich und zugleich traumhaft. Das, was wir so lange gesucht hatten, war uns leibhaftig erschienen, völlig unverhofft, kurz nachdem wir aufgehört hatten, danach zu suchen. Der König des Waldes stand vor uns, groß und mächtig. Zeugen waren nur die Sterne.

Ursprünglichkeit sprudelte aus meinem Herzen, flutete meinen Körper. Er hörte nicht mit meiner Haut auf, sondern floss in meine Seele über, so wie der Traum nicht mit dem Erwachen endet, sondern sich in die Wirklichkeit ergießt. Der Ruf des Bären war zuerst ein Traum, dann eine Spinnerei, die sich nun zur Realität verwoben hatte. Der Bär war gekommen. Die formlose Dunkelheit vereinte uns für diesen Moment. Seine Wildnis war auch meine Wildnis. Die Zivilisationsblase um mich herum verschwand. Die durch Denkflecken getrübte Wahrnehmungsmembran war aufgelöst und die Seelen flossen ineinander. Es gab nichts zu fürchten, weder für uns noch für den Bären. Ich spürte die allumfassende Verwandtschaft aller Wesen. Das eine Bewusstsein, welches sich in vielerlei Form ausdrückt. Eins. Eine Erde. Ein Sein. Der liebe Gott, wie Halleluja-Walter sagen würde. Mein Bruder neben mir spürte ihn auch und nannte ihn Allah.

Wie lange wir so da standen, kann ich nicht sagen. Die Zeit hatte aufgehört, zu existieren. Irgendwann, es mögen Sekunden oder Minuten vergangen sein, hörten wir, wie zwei schwere Füße auf dem Boden aufkamen, so als hätte der Bär gestanden und wäre nun wieder auf alle Viere gewechselt. Unaufgeregt raschelte und knackte es, leiser und leiser, als er wieder in den Tiefen des Waldes untertauchte. Wir atmeten tief und glückselig. Es gab keine Worte mehr. Wir waren angekommen.

XXI.

Am Ende der Straße

Als die Sonne aufging, erwachten wir auf der Wiese neben dem Bearhunter. Statt Helena und Amelie hatten wir Dana und Wolfi in den Armen. Die Bilder der vergangenen Nacht purzelten kunterbunt in meinem Kopf durcheinander.

»Hast du das gleiche geträumt wie ich, Mo?«

»Du meinst, dass wir Bearshit geraucht und dann im Wald einen Bären getroffen haben?«

»Genau das.«

Kein Zweifel. Higgs-Teilchen und Schildkröte. Wie hätte es sollen anders sein? Alles war wahr. Unsere gesamte Reise mit all ihren Missgeschicken und Glücksfällen, Weisheiten und Dummheiten, ihrem Sinn und ihrem Unsinn, folgte scheinbar einem unsichtbaren, perfekten Plan, inszeniert von unserem genialen Reiseleiter: Mister Zufall. Wir würden jederzeit wieder bei ihm buchen.

Dana und Wolfi saßen wie immer als erste im Bearhunter und warteten ungeduldig, dass die Fahrt ins Blaue weiterging. Der Motor stotterte und wir fuhren los, mit der Morgensonne im Rücken durch die Berge Richtung Meer. Müde, glücklich und ziemlich wortkarg. Wie die Winnetou-Landschaft vor unserem Fenster, so flogen die Bilder unserer Reise vor meinem inneren Auge vorbei: Das staubige

Kinderbuch unter meinem Bett. Die Schildkröte auf der Landstraße. Frenkis Hand voll Narrenkraut. Der Parkplatzmann mit der orangenen Weste, der nach Österreich zeigte. Mein Tanz überm Abgrund in den Kalkalpen, bevor wir nach Slowenien fuhren. Ljubljana und der Höhlenbär in Postojna. Dad, der uns sagte ‚Müssen gehen Rog'. Der Urwald und das Steinchen, das uns nach Koprivnik brachte. Die Nacht auf dem Hochsitz und die Begegnung mit Matjasch, der uns statt zum Meer nach Kuterevo schickte. Iwan, der Bärenmeister und die Schuhe Teta Dragicas, die uns zum Fest auf Kopija trugen. Die heilige Bärenkacke, die wir für das Narrenkraut eingetauscht hatten. Und der Bär, den wir oder der uns fand, nach dem wir aufgehört hatten, nach ihm zu suchen.

So war es nicht nur die Spur des Bären, der wir gefolgt waren, sondern auch dem Weg der Schildkröte. Dem Leichtsinn, der Spontanität, des Loslassens und dem Urvertrauen, das alles zur rechten Zeit geschieht und es gut sein wird. Ein zielgerichteter Glücksgriff nach der Stecknadel im Heuhaufen.

Dana saß dicht neben Mo gepresst auf dem Beifahrersitz und Wolfi zwischen uns auf dem Boden. Er legte seinen Wuschelkopf auf mein Bein, wie er es immer tat, treu und dankbar. So fuhren wir nach Süden, während Tina Dico ‚Ain't no time to go to sleep' sang.

Ich parkte am Hafen von Zadar, stieg aus und ging zum Meer. Möwen kreischten, es roch nach Fisch und Ferne. Ich dachte an den guten alten Hanfpropheten Frenki, während ich das Narrenkraut, welches wir wieder aus dem Teeglas geholt hatten, in die Adria streute.

Danke für Deine Weisheit. Ich werde immer daran denken: ‚Braunbärcher sinn ka Blaubeercher'.

Kurz darauf verschluckte die Fähre meinen Bearhunter wie ein Walfisch einen Laubfrosch. Ich stand mit den Hunden an Deck und sah zu, wie die weißen Berge mit ihren braunen Bären im Blau und Blau des Himmels und des Meeres verschwanden.

Am Ende der Straße

Epilog: Life Ursus

*»Großvater Bär, Breitschädel, Goldfuß, König der Wälder,
Herr der Tiere, Geliebter der Göttin, Sternenträger.
Deine Kraft bewegt das Himmelsrad, die Jahreszeiten, das Leben.
Mögen Dir, unser wilder Bruder, die Wälder, die Berge und ein Platz
im Herzen der Menschen vergönnt bleiben.«*
Wolf-Dieter Storl

Naturpark Adamello Brenta in Norditalien, August 2012

Ich sitze am Ufer eines kühlen Bergsees. Ein Gemälde von Bergen gerahmt. Wolfi und Dana sitzen andächtig neben mir und schauen beinahe verträumt über das Wasser. Hier im Trentino, wo meine Bärenreise endet, hat Brunos Reise begonnen. Der Bote der Wildnis, der an die Tür der Zivilisation klopfte. Und an die meines wilden Herzens, ummantelt von der Sozialisierungsschicht des Homo sapiens subspecies Normalverbraucher. Aber wie hat ein berühmter Mann mal gesagt: Diese Schicht ist in der Wildnis nicht dicker als drei Tage.

Im Wald um den Tovelsee habe ich Bärenspuren gefunden. Ein kraftvoller Ort. Hier haben die letzten Alpenbären überlebt. Weniger als eine Handvoll. Zu wenige Exemplare, um die Art zu erhalten. Und so wären die Bären in den Alpen vollends ausgestorben, hätten sich nicht ein paar Idealisten an ihr wildes Herz gefasst und das Life Ursus-Projekt gegründet. Bären wurden aus den Bergen um Kocevje hierhergebracht. Frisches Blut und neue Hoffnung. Seitdem wächst die Population allmählich. Mittlerweile sollen es immerhin 40 bis 50 Tiere sein, die vom Trentino aus die Alpen neu besiedeln – wenn Mensch sie lässt. Bruno hatte leider Pech, doch ihm werden andere Bären folgen, um auf uralten Wanderrouten in ihre erdversprochene Heimat zurückzukehren. Es ist die Entscheidung des Menschen, in den Lebenswillen der Natur zu vertrauen, in ihre selbstregulierenden Kräfte und ihre urweise Intelligenz. Sie ist älter, größer und allumfassend. Sie hat uns geboren und sie nimmt uns wieder in sich auf. Wie alle ihre Kinder.

Nach den Eindrücken und Begegnungen auf meiner Bärenreise, bin ich überzeugt davon, dass wir die Rückkehr des Bären zulassen müssen. Keine Art hat das Recht, einer anderen ihren angestammten Lebensraum zu verwehren. Wir dürfen uns nicht länger gegen die natürliche Balance stellen, sonst werden wir selbst fallen. Aus dem Gleichgewicht sind wir längst und torkeln wie ein angezählter Boxer, der überzeugt davon ist, unbesiegbar zu sein.

So ist dieses wundervolle Tier ein Inbegriff von Kraft und Wildheit, Bote des Ursprungs. Der König der Wälder. Schützen wir ihn, schützen wir alles.

Ich lasse ein Steinchen übers Wasser springen. Auf der gegenüberliegenden Seite ist still und leise der Halbmond am Himmel erschienen. Ich stelle meinen kleinen Plüschbruno in das Wasser des Sees und mache ein Foto von ihm. Na bitte, sieht fast aus wie echt! Das Bild des wilden Bären, welches mir diese Reise in die Seele gebrannt hat, kann ich niemandem zeigen, nur mit Worten umgarnen. Es leuchtet mir den Weg. Ich bin dankbar und voller Hoffnung.

Großer Bruder Bär, komm zurück!

Holy Bearshit

Zum Geleit

Mutter Natur ist Heilung für Körper, Seele und Landschaft. Sie ist stets weiser und größer als wir Menschen. Sie hat viele Kinder und alle haben ein Recht auf Lebensraum und Nahrung. Sie ist die Mutter, die uns nährt und die wir ehren müssen. Jeden Tag. Dann wird es uns gut ergehen.

Schenkt den Bären Platz in eurem Herzen und ihr werdet ihn dort finden. Voll Kraft, voll Verbundenheit und Ursprung, voll Mut, Vertrauen und Wachsamkeit.

Schenkt dem Wolf einen Platz, und er wird euch lehren, rechtzeitig den Braten zu riechen. Er bringt euch bei, den Mond anzuhimmeln und euer Rudel zu lieben.

Lasst den Luchs hinein und er wird euch Samtfüßigkeit lehren, Lauschen und achtsam zu sein. Er bringt euch bei, mit dem Wald zu verschmelzen. Eins zu werden mit den Steinen und den Wurzeln.

Geht in den Wald und der Wald wird in euch gehen. Er wird in euch wachsen und vergehen und wieder aufs Neue entstehen, wie auch wir, in dem sich immer fort drehenden Rad des Lebens. Tag für Tag, Jahr für Jahr, Leben für Leben. So voller Vielfalt, so voller Wildnis, so voller Vertrauen.

Auf Bärensuche:
Sirius und Mo.

Der Bearhunter hat uns treu durch Europas
Wälder gefahren.

Spontane Einladung zum
Mittagessen, bei Tim und
Dad in Kocevje.

Mit dem kleinen Bruno
auf dem Hochsitz.

Impressionen

Teta Drragica versucht aus dem Kaffeesatz schlau zu werden und Iwan entspannt.

»The fucking Germans want to build a wall ...«

Iwan verleiht feierlich Bärentalismane an die Scouts.

Holy Bearshit

Über den Autor

Christian Siry, geboren 1978, ist ein Wildblumen pflanzender, dichtender Gärtner und Lebenskünstler. Er lebt in einer Gemeinschaft auf einem Hof im Pfälzer Wald, wo er Heilkräuter züchtet, Puffbohnen sät und oftmals den halben Tag lang Gitarre spielt. Manchmal schreibt er auch ein Buch.

Christian mit seinem treuen Abenteuer-Gefährten Wolfi.

Wo leben Bären in Europa?

Hier möchte ich noch einen kleinen Überblick geben, wo es in Europa noch oder wieder Bären gibt. Zu allen Informationen über die Bestandsdichte gilt, dass dies geschätzte Zahlen sind, die je nach Quelle starken Schwankungen unterliegen. Im einzelnen gezählt hat die Bären niemand, außerdem wandern die Tiere teilweise über weite Strecken, was eine exakte Bestandsangabe nahezu unmöglich macht. Nach meinen Erfahrungen schätzen jene, welche auf Bärenjagd aus sind, den Bestand gerne höher. Die Bärenschützer hingegen gehen eher von weniger Tieren aus.

Nord- und Nordosteuropa

Skandinavische Population: etwa 3400 Tiere

Karelische Population (Finnland): 450-600 Tiere. Sie schließt an die russische Population an, welche sich bis ins östlichste Sibirien und Kamschatka erstreckt und die weltweit größte Popualation darstellt.

Baltikum: etwa 700 Tiere, die mit Abstand meisten in Estland.

Ost- und Südosteuropa

Karparten: etwa 6000-7000 Tiere, die sich über Rumänien, die Slowakei und einige wenige in Polen verteilen.

Dinariden-Pindos Population: etwa 3000 Tiere, hier gehen die Schätzungen allerdings sehr weit auseinander, da sie sich über die vielen Landesgrenzen des ehemaligen Jugoslawien bis hinunter nach Nordgriechenland verteilt.

Ostbalkan: etwa 600 Tiere

Südeuropa

Kantabrien: Im rauen Küstengebirge Nordspaniens gibt es etwa 200 Bären.

Pyrenäen: Hier gibt es grenzüberschreitend nach einem Wiederansiedlungsprojekt um die 30 Bären.

Zentrale Appenninen: In den Bergen östlich von Rom leben 40-60 Bären.

Mitteleuropa

Alpen: Im Trentino sowie in den Julischen Alpen Sloweniens, vereinzelt auch in Kärnten, gibt es insgesamt um die 60 Bären. Von hier aus ist eine Wiederbesiedlung der Schweizer Alpen und eventuell auch der deutschen Alpen zu erwarten.

Am Strand ein Buch verlegt – So fing unsere Geschichte an

Ramona und Uli sind ein Jahr mit Hund Pepito im Wohnmobil durch Europa gereist. Von unterwegs haben sie den Wenn Nicht Jetzt-Verlag gegründet.

Wir hoffen, Dir hat »Holy Bearshit« so gut gefallen wie uns! Als wir diese zauberhafte Geschichte zum ersten Mal lasen, verliebten wir uns direkt, weil sie so witzig geschrieben, authentisch und gleichzeitig märchenhaft ist. Übrigens ist alles genau so passiert!

Warum erzählen wir Dir das und wer sind wir eigentlich? – Wir, das sind Ramona und Uli und gemeinsam haben wir den *Wenn Nicht Jetzt-Verlag* gegründet. Und »Holy Bearshit« hat dazu den Ausschlag gegeben!

Lagerfeuergeschichten

Am Strand von Sizilien trafen wir im Frühling 2018 Christian, den Autor von »Holy Bearshit«, der mit seiner Partnerin und drei Hunden im Camper auf Reisen war. Zu dem Zeitpunkt reisten wir bereits seit fast einem Jahr mit unserem Wohnmobil durch Europa und so trafen wir uns abends am Lagerfeuer und hatten uns gegenseitig viel zu erzählen.

Unter anderem erfuhren wir eben auch, dass Christian Autor ist und gerade »Holy Bearshit« geschrieben hatte. Jetzt wusste er nicht, wie er es anstellen sollte, die Geschichte zu veröffentlichen. Zu einem herkömmlichen Verlag wollte er nicht, da fühlte er sich nicht gut aufgehoben. Zufällig hatten wir wenige Monate vorher, während wir in Griechenland überwinterten, selbst unser erstes Buch »Auszeit Storys« geschrieben und im Eigenverlag veröffentlicht. Danach haben wir immer wieder Anfragen von Autoren erhalten, die uns um Hilfe beim Veröffentlichen ihrer Bücher baten. Der Bedarf an einem ‚anderen' Verlag, der Autorinnen und Autoren mehr Selbstbestimmtheit einräumt, war offenbar vorhanden. Und da wir alle drei sofort die gleichen Vorstellungen hatten, wie »Holy Bearshit« gestaltet und wie eine fruchtbare Zusammenarbeit als Team zwischen uns aussehen könnte, haben wir beschlossen, den Schritt zu wagen und einen Verlag gegründet.

Der etwas andere Verlag

Im *Wenn Nicht Jetzt-Verlag* steht das Thema Veränderung im Mittelpunkt. Was uns interessiert, sind Menschen mit Geschichten, die von Aufbruch, Auszeit, Aussteigen erzählen, von Neuanfang und Mut. Geschichten, die das Leben schreibt, verpackt in humorvolle, ernste, dramatische, leidenschaftliche oder ironische Erzählungen. Wir wollen starke Bücher machen, die bewegen, ergreifen, wachrütteln, zu Tränen rühren oder Bauchschmerzen vor Lachen machen, von Autorinnen und Autoren, die wirklich etwas zu sagen haben.

Dabei sehen wir das Entstehen eines Buches als Gemeinschaftswerk und uns, die Autorin oder den Autor und andere Mitwirkende als Team, mit einem gemeinsamen Ziel: eine gute Geschichte noch besser zu machen, liebevoll aufzubereiten, bestmöglich zu präsentieren und zu vermarkten.

Autor im Wenn Nicht Jetzt-Verlag werden

Hast Du auch eine solche Geschichte erlebt und möchtest sie aufschreiben oder hast vielleicht bereits ein Buch geschrieben, das Du gerne veröffentlichen möchtest? – Dann melde Dich doch bei uns! Vielleicht passen wir ja zusammen und finden gemeinsam den richtigen Rahmen für Dein Buch.

Wir freuen uns über Deine Nachricht unter:
mail@wenn-nicht-jetzt.de

Auf dem Laufenden bleiben

Hat Dir »Holy Bearshit« gefallen? – Dann bleib doch auf dem Laufenden, was unsere neuen, spannenden Buchprojekte betrifft und trage Dich in unseren Verteiler ein. Deine Vorteile:
- Du verpasst keine Neuerscheinung
- Du erhältst vorab Leseproben von neuen Büchern
- Wir schicken Dir Einladungen zu Autorenlesungen in deiner Nähe
- Du erhältst von uns exklusive Preisvorteile auf unsere Produkte

Trage Dich einfach ein unter:
www.wenn-nicht-jetzt.de/news

Übrigens: Mehr über uns und viele spannende Reiseberichte von unserem Europatrip kannst Du unter www.wenn-nicht-jetzt.de nachlesen.

»Auszeit Storys – 11 inspirierende Geschichten über den Aufbruch zu einer längeren Reise«

»So eine Reise war ja auch schon immer mein Traum, aber ich könnte das ja nicht, weil ...«"Diesen Satz haben Ramona und Uli sehr oft gehört, als sie von ihren Plänen, ein Jahr lang mit dem Wohnmobil durch Europa zu reisen, erzählten.

Was bringt Menschen dazu, dann doch den Mut aufzubringen, ihre Komfortzone zu verlassen und sich eine längere Auszeit zu gönnen, um sich auf das große Abenteuer Reisen einzulassen? Dieser Frage wollen die beiden auf den Grund gehen und haben einige Langzeitreisende interviewt.

Herausgekommen sind elf wunderschöne, sehr persönliche und offene Erfahrungsberichte, die zeigen, dass es aus den unterschiedlichsten Situationen heraus machbar ist, eine solche Reise zu unternehmen. Das Buch soll ewigen Haderern konkrete Fragen beantworten und dadurch anspornen, den Schritt endlich zu wagen. Grenzen gibt es nur in unseren Köpfen – alles ist möglich!

>>Jetzt unter www.auszeit-storys.de Leseprobe anfordern oder direkt als Taschenbuch oder E-Book bestellen<<

Auszeit Storys, 132 Seiten, ISBN 978-1973513308, 5,99 € / 8,99 €

Printed in Germany
by Amazon Distribution
GmbH, Leipzig